너희로 봄을
사지마는 봄을
우리도 여름을
찾노라

너희는 봄을 사지만 우리는 겨울을 판다

2006년 8월 18일 초판 1쇄 펴냄
2015년 10월 13일 초판 6쇄 펴냄
2021년 1월 15일 2판 1쇄 펴냄

엮은이 (사)여성인권지원센터 '살림'
펴낸이 신길순

펴낸곳 (주)도서출판 삼인
등록 1996.9.16. 제 25100-2012-000046호
주소 03716 서울시 서대문구 성산로 312 북산빌딩 1층
전화 (02) 322-1845
팩스 (02) 322-1846
전자우편 saminbooks@naver.com

표지디자인 (주)끄레어소시에이츠
제판 문형사
인쇄 수이북스
제책 은정제책

ISBN 978-89-6436-187-0 03300

값 14,000원

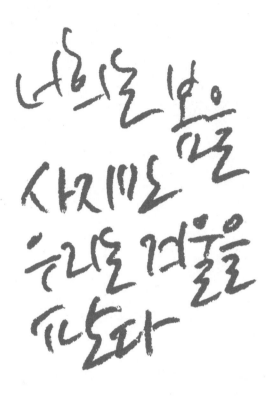

성매매 피해 여성들의 글쓰기 프로젝트

살림 엮음

삼인

우리가 하고 싶은 이야기

글쓰기를 통한 치유, 미래로 나아가기

　성매매를 오랜 시간 경험한 언니에게 "언니의 지난 10년은 어땠나요?"라고 조심스레 물었을 때, 언니는 자기가 10년 동안 무얼 했는지 기억에 남는 것이 없다고 했다. 정육점 불빛처럼 붉었던 조명 불빛만이 떠오를 뿐이라고 했다. 성매매 여성들에게 과거는, 성매매 경험은, 떠올리면 아프고 따갑기만 할 뿐이기에 '망각'이라는 선택을 할 수밖에 없었는지도 모른다.* 언니들은 성매매를 겪어낸 그 시간 동안 '나는 내가 아니다'라는 의식적 세뇌를 하기도 한다. 내가 내가 아니어야만 그 현실을 받아들이고, 감내하고, 계속 살아갈 수 있었던 것이다. 그러나 그

---

* 정임영미, '살림 사는 여자들, 글 쓰다' 프로젝트 기획서 중

시간 동안 언니들은 언니들 자신이기도 했다. 언니들 자신이기에 그 시간을 겪어내고, 살아남을 수 있었던 것이리라.

부끄러운 고백을 하자면, 성매매 상담을 본격적으로 시작하기 전에는 활동가들끼리 "니가 완월동 가서 몇 천 땡겨와라. 일주일만 일하고 신고하면 내가 빚 퉁쳐줄게"라는 농담을 했었다. 정말 2년 전만 해도 내 젊은 몸뚱어리 하나면 완월동에서 그 큰 돈을 땡길 수 있었다. 하루에도 몇 천 명의 남자들을 받아줄 여자들이 필요한 완월동에서는 내가 특별히 예쁘지 않아도, 젊은 여자라는 것 하나만으로도 받아줄 수요가 충분히 있었다. 그러나 상담을 시작하고, 여성들의 이야기를 듣게 되면서 이제는 그런 이야기를 쉽게 할 수가 없다. 언니들 이야기를 들으면서 진술서를 쓸 때 '아마 난 그 공간에서 하루도 버텨내지 못할 거야'라는 생각을 하곤 하기 때문이다. 그건 그 공간이 얼마나 폭력적인지 이제는 상상이 가기 때문일 것이다. 그러나 내가 언니들 입장이었어도, 어떻게든 살아남으려, 그 공간을 버텨내려 노력했을 것이다. 언젠가는 빚을 깔 수 있을 것이라는, 돈을 모아서 다른 삶을 살 수 있을 것이라는 꿈을 붙들고 어떻게든 살아남으려 했을 것이다. 살아남으려 하는 것은 우리 모두의 본능이자 삶의 목적이니까. 그래서 우리는 언니들 자신이면서 자신이지 못했던 그 시간 동안의 이야기를 풀어내고 싶었다. 그리고 그 과정으로 '글쓰기'를 선택했다.

'글쓰기'는 항상 현재의 시점에서 경험을 재구성한다는 특징을 가진다. 과거의 경험을 이야기해도 그 이야기 속에는 현재의 내가 바라보는 과거의 '나', 현재의 '나'가 오롯이 담겨 있다. 그리고 내가 되고 싶은 미래의 '나'도 담겨 있다. 그래서 우리는 글쓰기를 통해 언니들이 '그 공간을 살아낸 힘'을 드러내고, 보여줄 수 있을 것이라고 생각했다. 또한 자신의 삶을 돌아보고 성찰하게 하는 힘을 가진 '글쓰기'는 한 자 한 자 스스로 적어가는 과정을 통해 '망각'보다는 '기억'과 '재구성'으로 언니들의 과거와 현재, 미래의 자신을 이어줄 수 있을 거라고 생각했다. 실제로 글쓰기 치료가 진행되는 과정에서 많은 참가자들이 울고, 힘겨워했다. 떠올리기도 싫은 기억들을 하나하나 떠올려 한 자 한 자 적어가는 과정은 결코 쉽지 않았고, 특히 현재도 과거의 상처로부터 완전히 자유롭지 않은 언니들에게는 참으로 고통스런 과정이기도 했다. 그래서 마지막까지 그 힘겨운 과정을 함께하고 글을 써낸 언니들에게 박수를 보내고 싶다. 그 공간을 살아낸 것이 언니들 스스로의 힘이었듯이, 글을 써낸 것도 전적으로 언니들의 힘이다.

성매매 여성들의 육성이 담긴 책 ― 글로써 '타인되기'

또한 글쓰기는 소통의 과정이기도 하다. 일기조차 읽을 사람을 전제하고 쓰는 습관처럼, 이 책에 실린 언니들의 글은 글쓰기 치유 과정에서 서로서로 읽어주면서 쓰여진 것이다. 동료들의 글을 보면서 공감하고, 함께 아파하고, 힘을 주고받은 흔적들이 담겨 있다. 그리고 이 글들은 결국 더욱 많은 독자들을 만나게 되었다. 성매매방지법이 제정, 시행된 후부터 우리 사회에서 성매매는 일부 활동가들만 고민하는 이야기가 아니라 많은 사람들의 화젯거리로 떠올랐다. 그러나 성매매의 특성상 성매매 현장의 이야기는 일반인들과 동떨어져 있다. 성매매 여성들이 자신의 언어로 경험을 드러낼 수 있는 장이 많지 않았다. 그래서 성매매는 그 공간을 사는 여성들에게는 지속적인 폭력이자 '일상'인데, 일반인들이 이런 특성을 이해하지 못하다 보니 성매매 문제를 쉽게 여성들의 탓으로 돌리기도 하고 여성들이 재빨리 탈성매매하지 못하는 것을 납득하지 못하는 문제가 생기기도 한다.

우리는 이 책이 일반인들을 만나, 많은 사람들이 성매매 여성들의 육성을 듣고, 글로써 '타인되기'의 체험을 해보았으면 한다. 내가 그 입장이었으면, 내가 그 공간에 있었다면 어떻게 했을까, 어떻게 그 상황을 이겨냈을까 가늠해보고, 상상해보았으면 한다.

책을 만들기까지

'살림' 상담소는 2003년 11월에 완월동 근방에 자리 잡은 이후 현재까지 많은 성매매 여성들을 상담해오고 있다. 상담을 갓 시작한 초기에 '이렇게 억울하고, 슬프고, 용감하고, 귀중한 여성들의 이야기를 글로 써서 세상에 알리면 좋겠다'는 꿈을 꾸었는데, 그 꿈이 벌써 실현되어

믿기지 않는다. 이 프로젝트는 2005년 한국여성재단의 기금 지원으로 이루어졌으며, 여기에 실린 언니들의 글은 4개월 동안 총 16회로 진행된 글쓰기 치유 프로그램의 성과로 나왔다. 글쓰기 치유 프로그램의 연속성으로 인해 쉼터에서 지내고 계신 언니들을 대상으로 했다. 그리고 언니들이 자신의 경험과 상처를 마주하는 것에 대한 스트레스를 해소하고 문화적 감수성을 기르기 위한 문화 체험 프로그램이 병행되었다. 글쓰기 치유 프로그램 끄트머리에 언니들의 수기 집필이 이루어졌으며, 집필이 끝난 후에 상담원들이 언니들을 인터뷰하여 글에서 미처 다 풀어내지 못한 이야기를 끄집어내고자 하였다. 수기와 인터뷰 외에도 언니들이 쓴 편지, 에세이 등을 포함했고, '책 만들기', '성매매 관련 영화' 라는 공통의 주제를 가지고 함께 나눈 대담도 더불어 실었다. 언니들의 글은 글쓴이의 개성과 어조를 되도록 많이 담아내고자 기본적인 맞춤법 교정만 보았다.

언니들이 자필로 쓴 글들을 처음 받아들고, 그 내용들이 너무 가슴이 아파 한 번에 읽지 못하고 중간중간 큰숨을 내쉬며 읽었던 기억이 난다. 언니들을 상담한다는 우리도 미처 알지 못했던, 귀 기울여 듣지 못했던 이야기들이 글 속에 생생하게 담겨 있었다. 쉽지 않은 성찰과 글쓰기의 과정을 울고 웃으며 함께한 언니들이 참 고맙다.

우리는 여성들의 경험이 외부로 발화되기 힘들게 하는 우리 사회에서 이 소중한 경험과 생각들이 더욱 많은 사람들과 만나게 하기 위해 이 책의 출판을 기획하게 되었다. 그리고 이 이야기들을 가장 먼저 나누고 싶은 성매매 현장의 언니들에게는 책을 무료 배포하고 있다. (이 책의 인세 수익금은 저자들이 합의한 뜻에 따라 성매매 여성들의 글이 많은 사람들을 만날 수 있도록 하는 데 쓰일 것이다.)

처음에 기획 아이디어를 제공하고 구체화하는 데 도움을 준 정임영미 씨, 이 책의 기획 과정부터 구성, 디자인까지 조언과 조력을 아끼지 않은 문화잡지 〈보일라〉의 강선제님, 글쓰기 치유 과정을 이끌어주신 김정미 선생님의 도움이 없었다면 이 책은 나올 수 없었을 것이다. 도움을 주신 분들께 다시 한번 감사드린다. 글을 쓴 언니들의, 그리고 이 책을 만든 사람들의 진심이 책을 읽는 독자들에게 전달될 수 있기를 기대한다.

(사)여성인권지원센터 '살림'
박김혜정

글 싣는 순서

그곳을 살아낸 힘 Ⅰ

그곳을 살아낸 힘 II ✹

성매매 관련 용어 해설

2차 | 룸살롱 등에서의 성매매를 일컫는 말로, 주로 업소 바깥의 모텔 등으로 가서 이루어지는 성매매이다.

3종 | 성매매 여성들이 사용하는 은어로서, 접대비와 2차비를 따로 받는 것이 아니라 손님이 내는 술값에서 일정한 비율을 받거나 접대비가 따로 없는 곳을 말한다. 주로 방석집과 성매매 집결지를 이른다. 여성에 대한 감시와 성매매 일의 강도가 보통 룸살롱보다 세기 때문에 여성들에게는 빚이 늘었을 때 할 수 없이 가게 되는 업소를 의미한다.

MT비 | 룸살롱에서 여성들을 테이블에 넣어주는 대가로 마담이나 멤버가 취하는 돈. 매달 30~50만 원을 여성이 낸다.

TC | 테이블에서 손님을 접대하는 대가로 여성들이 받는 돈.

구좌비 | MT비와 비슷한 것으로, 멤버가 마담 월급을 주기 위해 여성에게서 한달에 보통 30만 원씩 떼가는 돈.

나까이(이모) | 집창촌 업소 입구에서 손님을 호객하는(낚아오는) 일을 하는 여성.

떡집 | 주류 판매 등을 하지 않고 성매매만 하는 성매매 집결지를 이르는 말.

멤버 | 룸살롱에서 마담 위의 관리자로서 업소 여성들을 관리하는 일을 하는 사람.

미수(금) | 티켓다방에서 쓰이는 용어로, 여성들의 빚이 불어나는 원인이 된다. 여성이 배달이나 시간을 다니면서 외상값을 받지 못하거나 하루에 정해진 매상(20~30

만 원)을 채우지 못하면 '미수금'이라는 이름으로 빚이 된다.

미스방 | 성매매 집결지에서 여성들이 손님을 기다리며 대기하는 방. 부산 완월동의 미스
방은 지나가는 성구매자가 여성들을 볼 수 있도록 쇼윈도처럼 큰 유리로 되어
있다.

보도(방) | 성매매 업소에 전화로 여성을 연결해주는 일종의 소개소.

빚통 | 선불금빚을 모두 갚거나 제해주는 일을 가리키는 말.

선불금 | 성매매 업소에 취업하면서 받는 돈을 말한다. 선불금은 여성의 빚이 되며, 업소
일을 그만둘 때 모두 갚고 그만두도록 되어 있다. 보통 업소를 옮기면서 다른 업
소에서 선불금을 받아서 전에 일하던 업소의 선불금을 갚는 식이다. 선불금은
여성이 자의가 아니라 반강제적으로 성매매 업소로 팔려가게 되는 원인이 된다.

성매매 | 금전을 매개로 하여 성적 서비스를 팔고 사는 것을 말한다. 우리 사회에서는 특
히 티켓다방, 룸살롱, 이발소, 마사지 업소, 집창촌 등 다양한 형태의 성매매가
이루어지고 있다.

술3종(방석집) | 룸살롱보다는 업소 규모가 영세하나 성매매화 비율이 높은 업소이다.
맥주를 짝(박스)으로 판매하며 양주를 팔기도 한다. 여성이 나체로 손님을 접대
하거나 온갖 쇼(성적 행위)를 하여 술매상을 높이게 되어 있다.

여관발이 | 여관에서 손님들이 부르면 가서 성매매를 하는 업종.

연애 | 성매매 세계의 은어로, 성매매 여성이 손님과 성관계하는 것을 이르는 말.

올 | 하루 종일 손님과 있어야 하는 티켓을 말함.

와리 | 성매매 여성이 손님에게 받은 팁 등에서 보통 10퍼센트 정도를 멤버가 떼가는 돈.

전주 | 대도시의 대형 룸살롱의 여성들에게 선불금을 해주는 성매매 업소 전문 사채업자

를 말한다.

집창촌(성매매 집결지) | 흔히 '사창가'로 부르는, 성매매만을 목적으로 하는 무허가 업소가 모여 있는 곳. 대표적인 집창촌으로 서울의 미아리 텍사스, 부산의 완월동 등이 있다.

탕치기 | 처음부터 업소에서 일할 의사 없이 선불금을 받고 도주하는 행위로, 주로 소개업자나 사채업자가 성매매 여성에게 탕치기를 시키는 경우가 많다.

티켓(시간) | 티켓다방에서 쓰이는 용어로, '티켓을 끊다', '시간을 끊다'라고 하면 남성 구매자가 돈을 지불한 시간 동안 다방 여성과 함께 있을 수 있는 것을 뜻한다. 한 시간에 보통 2~3만 원의 시간비를 받으며, 화대(2차비)를 따로 받는 경우도 있다.

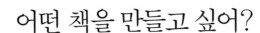

어떤 책을 만들고 싶어?

{ 글 쓰는 여자들이 책을 위해 뭉쳤다. 세상을 향해서 조금씩 목소리를
내기 시작하면서, 언니들은 누구에게 자신의 이야기를 하고 싶었던 것일
까? 함께 일했던 여성들, 혹은 버림받았다고 느꼈던 어린시절을 함께했
던 가족들, 업주, 성 구매자, 아직 사춘기를 지나는 청소년들……. 그들
에게 언니들은 어떤 이야기를 하고 싶은 것일까? 언니들은 장장 세 시간
에 걸친 긴 대화를 통해 자신들이 만들 책의 뼈대를 그리기 시작했다. 그
대담의 현장에서 그녀들의 목소리를 직접 들어보기로 한다. }

- 일시 ｜ 2005년 4월 21일
- 장소 ｜ 따끈하고 아늑한 '살림' 쉼터
- 대담 ｜ 진행자 1, 재수, 콩쥐, 이쁘니, 사오정, 백주공주, 오빠야, 은방울꽃,
  야옹이, 디물라, 진행자 2

내가 하고 싶은 이야기는

진행자 2 | 오늘의 주제는 책이거든요. 수많은 얘기들 중에서 어떤 얘기를 책에다 담고 싶은지를 얘기하면 돼요. 어떤 사람이 이 책을 꼭 읽었으면 좋겠다든가, 책을 만든다고 생각했을 때 내가 하고 싶은 얘기가 뭔지 얘기를 해봅시다.

진행자 1 | 머릿속에 내가 어떤 얘기를 하고 싶은지 그려집니까? 몇 십 년의 세월을 다 담을 수는 없겠지만, 이 얘기는 진짜 꼭 해주고 싶다 싶은 거. 쓰고 책 만들어서 쟁여놓는 것이 아니고 누군가가 읽는다면, 그리고 그 사람들이 내가 쓴 글을 읽고 새로운 마음을 가지게 되고, 변화의 계기를 가지게 되기를 원한다면 어떤 글을 쓰고 싶은가 하는 거예요.

은방울꽃 | 만약에 우리가 글을 쓴다면, 지금 제일 민감한 중고등학생들이 읽어야 한다고 생각해요. 솔직히 말해서 제가 사춘기 때 이쪽 길로 빠져들었거든요. 중학교 3학년에서 고등학교 1, 2학년 때가 제일 문제예요.

이쁘니 | (청소년인 사오정을 가리키며) 이 시기?

사오정 | 내가 왜? (모두 웃음)

오빠야 | 저 같은 경우는 예고에 들어가고 싶었는데 그게 안 됐어요. 방황을 하던 중에, 내가 나중에 돈을 벌어서 취미생활로라도 음악을 하기 위해서 그곳에 발을 들여놓을 수밖에 없었어요. 아르바이트를 해서 악기를 산다는 것은 꿈도 꾸지 못하는 거야. 내가 큰돈을 빨리 벌기 위

해서 그 일을 했던 거예요.

은방울꽃 | 그것은 한마디로 유혹인 거예요. 돈이니까. 그리고 이 시기 때는 부모님한테 얘기를 하는 게 아니라, 힘들고 지치면 친구들에게 얘기를 하는 거예요.

진행자 1 | 부모님에게 왜 얘기를 못한 거 같아요?

은방울꽃 | 요즘은 부모님이 거의 맞벌이니까 집에 가면 혼자인거라. 대화 상대가 없어. 만약에 부모님이 집에 있다 하더라도 잠만 주무시구요. 시간이 되면 부모님은 일하러 가셔야 하니까, 나 혼자인 거죠. 그리고 이 나이 때가 제일 민감하구요, 친구가 "온나" 이러면 가는 거예요. 내 친구가 만약에 그런 일을 하고 있어서 나보고 오라고 하면 가는 거예요. 10명 중에 8명이 간다고 봐요. 이때는 부모님보다는 친구가 우선이거든.

이쁘니 | 저 같은 경우는 가장 친한 친구나 주위에 있는 사람들에게 얘기를 한다고 해도 이해시킬 자신이 없어요. 하물며, 10대에 나와 전혀 관계없는 사람을, 우리의 글로써 탈성매매를 시킬 수는 없다고 생각해요. 본인이 느끼기 전까진 이해시킬 수 없을 거 같아요.

진행자 1 | 이쁘니님은 어떤 사람들이 글을 읽어야 한다고 생각해요?

이쁘니 | 인식의 변화가 필요한 모든 사람들. 여자든, 남자든, 업소 여성이든 아니든. 업소 여성들이 스스로 원해서 업소를 다닌다고 생각하는 사람, 지가 만든 빚은 지가 갚아야지, 라고 생각하는 사람들. 우리를 조금이라도 다른 시선으로 봐줬으면 하는 모든 사람들. 자신을 이해해

달라는 게 아니고, 그 상황만이라도 이해해주기를 바라는 사람들을 위해 글을 쓰고 싶어요.

은방울꽃 | 저는 업주가 한 번 읽어봤으면 좋겠어요. 개네들 앞에서는 경찰, 판사, 검사 다 필요 없어요. 법이 없어진단 말이에요. 자기네들이 대장이라 생각하는 사람들이고 자기네들이 대한민국에서 최고로 착한 사람이라고 생각해요. 다 고쳐지진 않겠지만 이걸 읽고 반성을 좀 해라, 느껴라 그거죠. 그 사람들이 딴지를 걸어온다 하더라도, 그건 내 글이 그만큼 영향을 끼치는 거라는 생각이 들거든요.

재수 | 반대되는 입장인지 몰라도, 저는 제일 먼저 읽어야 하는 사람들은 그곳에서 생활하는 언니들인 거 같아요. 업주들이 때리면 당연히 신고해야 하는데 그러질 못하니까 업주나 경찰들이 얘는 때려도 신고를 못하더라, 이렇게 생각하게 되는 거예요. 그 사람들이 처음부터 치밀했다고 생각 안 해요. 이렇게 해도 얘가 가만있더라, 하는 거죠. 지금도 성매매특별법이 생겼는데도 불구하고 지각 자체를 못하는 경우가 있거든요. 저 같은 경우도 여기 오기 전에는 누가 업소에서 나가면 부러워만 했지 나도 할 수 있다고는 생각 못했어요. 저 사람은 정말 특별한 케이스고, 나는 특별하지 않다고 생각했어요.

이쁘니 | 그 안에 있을 때 업주들은 법보다 강한 사람, 대한민국에서 나한테 가장 영향을 끼칠 수 있는 사람이었어요. 폭력이라든지, 권리의 면에 있어서요. 그때는 그렇게 한없이 무섭고 큰 존재가 없었거든요. 내가 탈출을 하거나 권리를 주장하는 건 생각도 못했던 일이에요. 지금 내

가 탈성매매한 입장에서는 그 사람들에게 내 주장을 밝힐 수 있고, 그 사람들이 정말 무서운 사람이 아니라고, 그 사람들을 일반 사람이라고 생각할 수 있는데, 그때는 생각 못했거든요. 그 사람들은 거의 신에 가까운 존재였어요. 내가 만약 지금도 업소에 있다면 이런 얘기 안 할 거 같고, 읽어도 별로 안 와 닿을 거 같아요. 100만분의 1인 사람, 정말 행운의 케이스, 로또복권 걸리는 일처럼 누구나 다 걸릴 수 있는 그런 건 아니라고 생각할 것 같아요.

재수 | 여기 있는 사람들 중에 정말 특별한 사람은 없어요. 여기서 상담원으로 일하기 전에 제가 그랬거든요. 나도 아웃리치 서비스(성매매 현장에 찾아가 직접 여성들을 만나면서 상담하는 일) 하고 싶다고. 내가 집결지에서 일을 할 때 한 번도 탈성매매 여성이 찾아온 적이 없었어요. 예를 들어 상담원 선생님이 여기서 일하다가 다른 일 하시면 "다른 일 하고 있습니다" 하면서 찾아오시잖아요? 그런데 성매매 여성들은 다른 일 하면서 여기에 다시 찾아오는 사람이 없거든요. 나는 내가 들어가서 탈성매매 여성이라고 밝히고 싶었어요.

진행자 1 | 성공한 사람이 분명히 있을 건데, 나름대로 자립을 잘해서 자기의 삶을 살 건데, 성공했다고 찾아오는 사람이 아무도 없다는 거죠?

재수 | 지금 내 생각이 그런데, 상담소 일 하면서 강의를 다녔었거든요. 여성의 전화나 대학 같은 데 말이죠. 일반 대학생들은 그냥 듣는데, 아줌마들이 이러는 경우가 많아요. 손을 번쩍 들어서 질문이 있다고 해서 뭐냐고 물어보면, 나보고 매스컴을 타라고 하는 거예요. 아줌마들 대

부분이 그런 얘기를 하거든요. 내가 고아면 매스컴을 타겠는데 내 부모나 형제가 있기 때문에 못하겠습니다, 라고 했어요. 나중에 나이를 먹어서 그때도 타라고 하면 타겠지만. 사람들은 내 입장이 아니기 때문에 그렇게 쉽게 생각하는 거예요.

사오정 │ 저는 이런 일을 하게 된 게 부모님 때문이라고 생각해요. 그때도 그렇고, 지금도 그렇게 생각을 하기 때문에 모든 부모님들이 읽었으면 좋겠어요. 당신 자식도 이렇게 될 수 있다. 저는 제가 집에서 살아왔던 환경이 그렇게 만든 거 같아요. 엄마, 아빠가 나를 대했던 시선들. 나한테 무관심했으니까 내가 밖으로 돌아다닌 거 같구요.

은방울꽃 │ 공감하는 게, 아까 저는 중고등학생들이 읽었으면 좋겠다고 했잖아요. 중고등학생들 보면 저것들이 문제가 있겠지 뭐, 우린 그렇게 안 하면 되지, 이렇게 생각하지만, 막상 들여다보면 지금 고등학생들이 하는 행동이 우리가 고등학교 때 했던 행동과 똑같거든요. 그렇기 때문에 우리가 그걸 막으려고 하는 거죠. 요즘 세대들은 부모님이랑 말하는 시간이 없어요. 오빠나 동생이 있다 해도 다 각자 학원을 가거나 친구들과 논다고 바쁘단 말이에요. 그만큼 부모님들이 무심하기 때문에 애들이 자꾸 밖으로 돌 수밖에 없어요. 그래서 이 책은 가족이 다 같이 볼 수 있는 책이면 좋겠어요.

진행자 1 │ 글을 쓰는 수위는 어때야 할 것 같아요? 어느 선까지 쓸 수 있을까요?

다물라 │ 모든 걸 솔직하게 쓰는 것도 좋은데, 이런 생활을 모르는 부모님들이 봤을 때는 부모님들이 이해할 수 있게끔 써야 한다고 생각해요. 무조건 솔직하게 썼는데 부모님이 이해를 못한다면 책을 안 읽은 것만 못하다고 생각해요.

재수 | 사건을 하다 보면 집에서 알게 되는 경우가 있는데, 대충 어떤 일을 한다고 하고, 자세히 얘기를 안 해요. 그냥 술집이라고 하는데, 부모님들이 책을 읽다 보면 분명 별 얘기가 다 나올 거잖아요. 그러면 '내 딸이 혹시 이런 데서 일을 하지 않았을까' 그럴까봐 걱정되기도 해요. 내 딸을 이해하려고 봤던 책이 더 악영향을 끼칠 수도 있잖아요.

● ● ● ● ●
편지를 쓰고 싶어

진행자 2 | 글을 쓴다면 어떤 내용을 얘기하고 싶어요?

재수 | 솔직히 난 갈 데가 없어서 이 일을 시작했어요. 어쨌든 중요한 것은 현실이라고 생각해요. 나는 나이는 서른이지만, 그냥 지금 스무 살 같아요. 10년이라는 세월이 흘렀지만, 아직 나는 그냥 스무 살 같다구요. 처음 사회생활을 하는. 저는 탈성매매 하는 언니들한테 얘기를 해주고 싶어요. 저도 처음에는 쉽지 않았거든요.

진행자 1 | 탈업소를 하는 언니들이 부러웠다고 했었죠?

이쁘니 | 다 부럽지는 않았어요. 미쳤다고 생각했을 때도 있었어요. 완

전히 자립할 거라고 백 퍼센트 보장을 못하잖아요. 무조건 부러워한 건 아니었어요.

재수 | 저는 지금의 현실을 쓰고 싶어요. 내가 일했던 세대와 지금 일하고 있는 세대는, 업주가 착취하는 방식은 같겠지만, 좀 많이 달라졌다고 생각해요. 제가 탈성매매를 시작한 이후부터 지금까지의 이야기를 쓰고 싶어요.

진행자 1 | 좋은 거 같아요. 아주 다양한 이야기가 나와야 한다고 생각하거든요. 탈성매매 이후에 내가 어떻게 살았고, 내가 어떤 준비를 했고, 앞으로의 생활을 어떻게 준비하고 있는지. 사오정 같은 경우, 부모님이 이걸 꼭 읽었으면 좋겠다고 생각한다면 자기 생각이 강렬하게 드러나는 그 시점에서 이야기를 시작하면 좋을 거예요. 어떤 사람에게 어떤 내용으로 글을 쓸 것인지는 각자가 정하도록 하는 것이 낫지 않을까요?

진행자 2 | 어떤 얘기를 하고 싶은지 지금 미리 이야기해보자는 거죠.

재수 | 미성년자 금지. (모두 웃음)

진행자 2 | 편지 형식으로나, 고백하듯이 써도 되는 거죠. 시를 써도 되고.

다물라 | 아가씨들이 도망가면, 업주들은 가슴을 치면서 "내 돈!" 이래요. 자기네들 결론은 돈이라는 거지요. 심지어 차를 타고 가다가도 자기가 급브레이크를 밟으면 저를 잡아줘요. 내가 죽으면 돈을 못 받거든. "내가 니 좋아서 해주는 줄 알아? 돈 때문에 이러는 거야"라고 얘기를 해요. 업주들은 우리를 돈으로 봐요. 자기 자식들이 이런 일을 한다면

그렇게까지는 안 하겠죠. 우리 마음을 다 이해해달라는 것은 아니에요. 한걸음 뒤로 물러서서 우리를 조금만 더 이해해주길 바라는 거죠.

오빠야 | 저는요, 지금 보면 탈성매매라는 거는 이해를 하기보다는 그냥 받아들여야 하는 문제라고 생각해요. 이력서 써보신 분들은 알겠지만, 정말 쓸 거 없어요. 우리가 한 가지 목표를 보고 지금 달리는 거잖아요. 그런데 그 한 가지 목표를 사람들이 너무 무시를 하는 거예요. 내가 못 배웠기 때문에 이것도 못 할 거라고 생각을 하는 것 같아요. 취업 센터나 일자리 알선하는 사람들이 왜 학력이 이거밖에 안 되냐고 할 때 "난 탈성매매 여성입니다"라고 솔직하게 얘기를 못하잖아요. 도와주는 사람들이 제대로 도움을 못 줄 수밖에 없어요. 저는 그런 사람들에게 글을 쓰고 싶어요.

은방울꽃 | 저는 만약 중고등학생들에게 얘기를 한다면 내가 밟아 왔던 과정을 쉽게 설명해서 편지글로 적어주고 싶어요.

재수 | 갑자기 생각난 건데, 만약에 청소년들에게 그런 글을 쓴다면, 제일 빨리 깨닫는 거는 겪어봐야 되는 거거든. "일단 가서 겪어봐", 이렇게 쓸 것 같아. "가서 겪어보고, '살림' 상담소에 전화해봐." (다들 웃음)

가족은 나에게……

진행자 2 | 사오정은 아빠, 엄마한테 얘기한다면 무슨 얘기를 해주고 싶어요?

사오정 | 내가 왜 집이 싫었는지를 말하고 싶고, 아빠가 왜 미운지를 말하고 싶어요. 아빠가 지금 저에게 어떻게 해주기를 바라진 않아요. 지금은 집 없이도, 아빠 엄마 없이도 저 혼자 잘할 수 있을 것 같아요. 그래서 그냥 내버려두었으면 좋겠어요.

이쁘니 | 옛날에 아빠에게 하고 싶었던 말과, 현재 아빠에게 하고 싶은 말이 다를 것 같아. 업소에 뛰어들기 전과, 뛰어들었을 때, 그리고 탈성매매하고 나서 부모님에 대한 생각이 많이 달라졌거든.

재수 | 나도 10년이라는 시간 동안 성매매 일을 하고, 탈성매매 준비를 하면서 많이 힘들고 할 때, 그때 가족에 대한 생각이 바뀌었어요. 시간이 필요하죠, 특히나 가족을 이해하는 것은. 폭력 같은 건 더 그런 것 같아요.

진행자 1 | '성인 아이'라는 말이 있어요. 다 컸는데도 내 속에는 어린 아이가 울고 있는 거야. 어린시절에 결핍된 환경에 있었거나, 상처받거나 부당한 대우를 당했을 때 그것이 남아 있는 거예요. 가장 심한 경우가 세 살 이전에 부모로부터 분리를 당한 사람일 경우 무의식 속에 그런 것들이 전부 다 남아 있대요. 그런 것들이 조금씩은 내재되어 있을 거라고 생각하거든요. 사오정을 보면, 아직까지 그런 것이 계속 남아 있는

24

것으로 볼 수 있어요.

사오정 | 제가 어렸을 때부터 굉장히 많이 맞고 자랐거든요. 저는 여기 오기 전에는 학대아동 쉼터에 있었어요. 제가 거기서 제일 나이가 많았어요. 집 나와서 한참 방황하고 있을 때 어떤 경찰관 아저씨를 만나서 그곳에 갔어요. 원래 제 나이가 거기에 있기에는 너무 많은 나이였거든요. 거기 있으면서 집에 연락도 안 했어요. 학교에 안 나가는 토요일이나 일요일 저녁에는 자원봉사자 집에 가서 홈스테이 같은 걸 해요. 토요일만 되면 애들이 너무 좋아해요. 자기한테 그렇게 잘해주는 사람을 만나본 적이 없으니까. 거기서 검정고시도 준비하고 그랬어요.

진행자 1 | 더 이상 거기에 있을 수 없었던 이유가 있었나요?

사오정 | 제가 거기 있는 걸 어떻게 하다가 저희 아빠가 알게 되었어요. 아빠가 찾으러 오고 그랬어요. 처음에는 아빠가 알아낸 게 아니라 선생님들이 연락을 한 것이라고 생각해서 선생님들을 믿지 못하게 되고, 그래서 나오게 되었어요.

은방울꽃 | 저도 맞고 컸거든요. 대부분 보면 가정문제예요. 빗나가는 애들 보면 아빠가 없거나 집안에 엄마가 없거나, 아니면 아빠가 집안에서 심하게 구타를 하거나 아니면 엄마가 노름을 좋아하거나, 대부분 이렇단 말이에요. 어떻게 보면 애들이 빗나가는 것도 부모님 때문이라고 생각해요. 저는 아빠에게 그런 소리까지 했었어요. 이렇게까지 할 거면 나를 왜 낳았냐고, 차라리 죽이지 왜 낳았냐고, 그런 소리까지 했었어요. 한 번은 너무 심하게 맞아서 엎드려서 자는데 친구들이 와서 깨우더

라구요. 밤새도록 맞고 피까지 나서 그렇게 학교를 갔으니까. 집에서 나오면서 아빠한테 말했어요. "나는 다시는 당신 같은 인간 죽어도 안 본다." 지금 생각하면 내가 굉장히 잘못했다는 생각이 들어요. 그런데 아빠는 '내가 잘못해서 우리 자식이 저렇게 되었구나' 라는 생각을 못한단 말예요.

사오정 | 그런데 엄마가 없는 사람이든, 아빠가 없는 사람이든 잘 사는 사람은 잘 사는 것 같은데. 하물며 엄마, 아빠 없는 고아라 해도 잘 사는 사람이 있는 것 같은데.

다물라 | 누구나 기준은 다르니까. 그런데 내가 이런 생활을 한다고 해서 부모 원망은 안 해. 이거는 내 인생이기 때문에. 엄마가 나보고 가서 커피 따르라 안 했거든. 우리 아빠가 나보고 술집 가서 몸 팔아라 안 했거든. 부모님을 원망하는 사람이 있는데, 나는 원망을 안 해. 왜? 내 인생이기 때문에. 내가 지금 이렇게 된 인생을 우리 부모가 와서 다시 살아줄 수 없기 때문에. 대신 앞으로는 내가 남한테 부끄럽지 않게 살면 되니까.

진행자 1 | 원망이라기보다는 가정에서 겪은 폭력이 현재 자신의 삶에 큰 원인으로 작용할 수 있다는 거죠. 집이 싫어서 떠나게 된 과정을 이해해야 된다는 거죠.

은방울꽃 | 만약에 언니 아빠가 언니한테 대놓고 "창녀야", 이런 식으로 얘기했다면 언니는 기분이 어떻겠노.

다물라 | 나는…… 죽여버리고 싶지.

은방울꽃 | 맞제, 나는 앞에 대놓고 그 얘기를 들었다. "니는 창녀 같은 년"이라면서.

다물라 | 우리 아빠는 내 앞에 대놓고 그러는 게 아니라 "즈그 엄마랑 똑같이 사네" 이렇게 해. 우리 아빠가 내한테 대놓고 "씨발" 소리도 안 하고 "창녀야" 소리도 안 해, 그렇지만 그게 나한테는 똑같은 얘기야. 나는 부모님이 나의 보금자리나 보호자라는 생각은 안 한다.

은방울꽃 | 나도 그런 생각은 안 해. 그렇지만 정말 원망하는 마음은 든다. 만약에 집에 엄마, 아빠가 있었다면 내가 다방에 가서 커피를 따랐겠나, 성매매를 해서 몸을 팔았겠나, 이런 생각은 든다. 만약에 내가 부모님이 똑바로 있었다면 말이야.

● ● ● ●
바꿀 수 있는 세상을 만들 수 있어

진행자2 | 지금까지 콩쥐는 한마디도 안 했어.

재수 | 콩쥐 같은 경우는 업소 일을 하면서 왜 약물 남용을 많이 하는지, 어떻게 약을 많이 먹게 되었는지를 얘기했으면 좋겠다.

콩쥐 | 완월동에 있을 때는 제가 외출이 금지되어 있었기 때문에 병원에 못 갔어요. 그래서 주사이모가 왔었고, 항상 주사를 맞았어요. 그런데 쉼터 와서 병원 다니니까 의사 선생님이, 앞으로 될 수 있으면 약을

먹지 마라, 그러시더라구요.

재수 | 그래, 어떤 약인지 제대로 알지도 못한 채 맞고 그랬었잖아. 우리끼리 하는 얘기가 있어요. "우리는 몸을 짜면 피가 아니라 약물이 나온다"고. 병원에 가면 약을 사람에게 맞춰서 주잖아요. 그런데 주사이모 같은 경우는 항상 정량이 있고, 약이 안 든다 이러면 다른 방법으로 치료할 생각을 안 하고 약만 계속 먹이는 거거든요.

이쁘니 | 사실, 다른 사람들보다 치료를 잘 받아야 돼요. 병에 더 잘 걸리는 환경에 있으니까. 잠도 엉망으로 자죠, 밥도 제대로 못 먹죠, 성병 같은 데 노출될 위험도 있는 거죠.

재수 | 어디 아프면 무조건 소염제.

모두 | 맞아, 맞아.

진행자 1 | 지금까지 자신이 하고 싶은 이야기들이 대충 정리가 된 것 같네요.

이쁘니 | 얘기를 들으면서 지금 굉장히 혼란스러워요. 어떤 글을 써야 할지. 제 글에도 부제가 필요할 것 같아서 소박하게나마 부제를 하나 만들어봤어요. "나는 세상을 바꿀 수 없어, 하지만 바꿀 수 있는 세상을 만들 수는 있어."

모두 | 이야~

재수 | 그건 소박하게가 아닌 거 같은데. (웃음)

이쁘니 | 나에게 희망의 메시지를 던져주었으면 좋겠어요.

진행자 2 | 우리는 열 가지의 케이스가 있어요. 열 가지의 목소리가 담

길 건데 다 똑같은 목소리를 낼 필요는 없는 거죠. 인생의 어느 부분을 얘기하느냐에 따라 다를 거예요. 자신을 돌아보는 글쓰기 방식이 있다고 생각해요.

　재수 | 아, 여성들이 이렇게 살았구나, 그것만으로도 이해를 할 수 있다고 봐요, 나는.

그곳을 살아낸 힘 I

사오정;

1988년 경상북도 ○○의 어느 동네에서 나는 태어났다. 사람들이 하는 말을 한 번에 잘 알아듣지 못해 '사오정'이란 별칭이 생겼다. 난 심심할 때 컴퓨터를 하고 시체놀이를 즐기기도 한다. 노래 듣는 것을 좋아해 카페 같은 곳에서 노래를 퍼와 미니홈피에 올리는 것이 특기이다. 나에게는 목표가 있는데, 원하는 대학, 원하는 과에 내년에 입학을 하는 것이다. 이렇게 행복한 순간들만을 꿈꾸며 책을 편다.

이제는 나도 웃는다

1.

나는 경상북도 ○○시의 작은 동네에서 태어났다. 내가 태어났을 땐 나보다 두 살 많은 오빠가 한 명 있었고, 오빠는 나를 잘 챙겨주었다. 오빠가 유치원에 다닐 적에 친엄마는 집을 나가셨다. 이유는 모른다. 기억도 잘 나지 않는다. 엄마의 얼굴도, 그때의 나의 모습도. 다만, 집 앞에 앉아 오빠와 엄마를 기다리며 울었던 기억만 내 머릿속을 스쳐 지나간다.

엄마가 집을 나가고 얼마 후, 아빠와 우리 남매는 ○○에 갔다. 30분 가량 버스를 타고 내려 한참을 걸었던 것 같다. 처음에 오빠와 나는 어딜 가는지 몰랐는데, 도착한 곳에는 엄마가 있었다. 그곳에서 엄마와 아빠는 이혼도장을 찍었고, 아빠는 우리에게 "엄마 따라갈래? 아빠 따라갈래?" 하고 물었다. 만약 그때 오빠가 엄마를 따라간다고 했었다면 나역시 엄마를 따라간다고 했을 것이다. 그랬더라면 지금의 내 모습도 달랐겠지? 하지만 어떤 이유에선지 오빠는 아빠를 따라간다고 했다. 나는 오빠를 따라 아빠에게로 왔다.

내가 초등학교 입학하기 전까지는 할머니와 함께 살았다. 초등학교를 들어가고 난 후 새엄마가 한 분 들어오셨다. 새엄마는 집에서 부업을 하셨고, 우리는 학교에서 돌아오면 새엄마를 도왔다. 그럴 때마다 새엄마는 200원짜리 강냉이 과자를 사주셨는데, 나는 그게 좋았다. 아니, 엄마라는 존재 자체가 좋았다고 말하고 싶다.

새엄마는 우리 식구와 3년 정도 함께 살았던 것 같다. 새엄마 역시 무슨 이유로 집을 나갔는지 잘 모른다. 학교에서 돌아와 보니 새엄마는 나가고 없었다. 그때부터였다. 내가 집을 싫어하기 시작한 것이…… 새엄마마저 집을 나가고 우리 식구는 동네 아줌마들의 이야깃거리가 되었다. 혹시나 길에서 오빠와 나를 보게 되면 앞에선 웃어주다가 뒤에선 불쌍한 애들이라고 수군거리고, 친엄마를 찾아준다고 하기도 하고, 시내에서 엄마를 봤다고, 데려다준다고 하기도 했었다. 처음엔 "아니에요"라고 대수롭지 않게 대했지만 나중엔 엄마에 대한 증오심으로 가득차게 되었다. 거기다 새엄마가 집을 나간 후부터 아빠의 화가 시작되었다. 회사에서 좋지 않은 일이 있거나 할머니와 싸우면 아빠는 술을 드시고 회초리를 드는 일이 잦아졌다. 그럴 때마다 오빠와 나는 보일러실이

나 1층 바깥 화장실에 숨어 있었고, 발가벗겨져 쫓겨난 일도 있었다.

한 번은 학교 운동회날, 친구들과 열심히 우리 팀 응원을 하고 있었다. 할머니가 싸 오신 도시락을 먹고 다시 친구들과 함께 있는데, 뒤에서 누군가가 나를 보고 웃고 있었다. 나는 당연히 누구냐고 물었고, 그 아주머니는 날보고 이모라고, 기억이 안 나냐고 하는 것이었다. 처음 보는 아줌마가 이모라니, 당황했다. 거기다 친구들은 옆에서 "너는 이모도 몰라보냐"면서 물었고, 나는 부끄러운 나머지 아니라고, 순간 착각했다고 말하고 이모와 손을 잡고 학교 건물 뒤편으로 갔다. 이모는 내게 많이 컸다며 5천 원을 손에 쥐어주었고, 나는 아무런 생각 없이 그 돈을 필통에 넣어두었다. 5천 원을 넣어둔 것도 잊은 채, 나는 집에 가서 잠이 들어버렸다.

저녁이 되어 아빠가 나를 깨웠고, 아빠는 필통에 있는 돈은 누가 준 거냐고 물었다. 차마 얘기할 수가 없었다. 점심 도시락을 가지고 오셨던 할머니 생각이 났고, 나는 할머니가 준 것이라며 아빠에게 거짓말을 했다. 아빠는 할머니에게 전화를 했고, 할머니는 그런 적 없다고, 주지 않았다고 했다. 아빠가 다그쳤지만, 나는 얘기하지 않았다. 친엄마 얘기를 하면 분명히 화내실 테니……. 나는 거짓말을 했다고 엄청 맞았다. 잘못했다고 말했다. 하지만 아빠는 내게 괜찮냐는 말 한마디 하지 않으셨다. 아빠는 항상 그런 식이었다. 그렇게 화를 내다가 가끔 웃으시는 날이 있는데, 그런 날은 집에 아줌마들이 오는 날……. 학교에서 돌아오면 주방엔 항상 모르는 아줌마들이 음식을 하면서 오빠와 나를 반겼다.

처음엔 놀라서 "누구지?" 하고 방에서 꼼짝 않고 있었지만, 나중엔 그러려니, 요즘 아빠가 만나는 아주머니겠거니 하고 신경 쓰지 않는 척했다. 내심 그 아주머니들이 좋았던 적도 있다. 아빠의 화를 달래는 것은 그 아주머니들이라고 생각했으니까…….

2.

내가 살던 동네는 정말 작은 동네였다. 우리 집은 2층집이었는데, 우리 집 창문에서 보면 우리 동네뿐만 아니라 옆 동네까지 다 보일 정도였다. 그렇게 작은 동네라 사람들의 입소문도 빨랐다. 더군다나 외지 사람들이 잘 보이지 않는 동네라, 그 동네에 처음 보는 여자가 나타나면 전부 우리 집에 가는 거라 단정 짓는 사람들도 있었다. 정말 싫었다. 우리 식구를 비난하고 욕하는 것 같았다. 아무리 싫은 아빠지만 그렇게 남의 입에 오르내리는 것도 싫었다. 아빠도 그런 소문이 싫었는지 내가 초등학교 5학년 올라가던 해에 시내로 이사를 했다. 물론 새로운 아주머니도 같이. 나는 차 안에서 한참을 울었다. 꼭 도망가는 것 같았다. 무슨 죄를 지어서 도망가는 것처럼 아빠는 서둘렀다. 지금 생각해보면, 이사할 집에 먼저 가서 기다리고 있는 아주머니 때문에 아빠가 그렇게 서둘렀던 것 같다.

그 아줌마는 자식이 있었다. 나보다 네 살인가 많은 언니였다. 언니는 학교를 대구에서 다녔는데, 아빠의 요구에도 전학을 하려고 하지 않아 새엄마와 아빠는 자주 언성을 높였다. 그럴 때마다 언니는 새엄마 편

을 들었고, 오빠와 나에게 경찰서에 신고하라고까지 했었다. 결국 1년
을 채우지 못하고 새엄마는 집을 나갔다. 잡고 싶었다. 새엄마가 좋아서
가 아니라, 이사 온 곳에서까지 동네 사람들의 입방아에 오르내리기 싫
어서였다. 울면서 잡았는데도 불구하고 새엄마는 모른 척 나를 뒤로 하
고 끝내 나가 버렸다. 그때 나는 처음으로 가출 아닌 가출을 했다. 우리
집은 아파트였는데, 옆 동에 친한 동생 집에 가 있었다. 그 애 부모님은
꽃가게를 하셔서 항상 우리가 잠이 들고 나면 집에 들어오셨기 때문에
일주일 정도 지낼 수 있었다. 일주일 후 아빠가 처음으로 학교에 찾아왔
다. 학부형 모임이 있어도 학교 한번 오지 않던 아빠가 나를 찾으러 온
것이었다.

　아빠는, 왜 집에 들어오지 않느냐고 물었다. 그리고 새엄마가 나갈
때 왜 울었냐고. 나는 차마 말할 수가 없었다. 아빠가 무서웠다고…….
그렇게 다시 집에 들어갔다. 아빠는 어린 나의 행동에 충격이 크셨는지
한동안은 손찌검을 하지 않으시고 새엄마도 데려오지 않았다. 하지만
그것도 잠시, 내가 초등학교를 졸업할 때쯤 아빠는 또 새엄마를 데리고
오셨다. 처음에 새엄마는 우리 남매에게 참 잘해주었다. 내 졸업식 때
아빠와 손을 잡고 꽃도 사다주었다. 그런데 얼마나 지났을까, 오빠와는
아무런 문제없이 지내던 새엄마가 유독 나와는 왜 그렇게 문제가 많았
는지 모르겠다.

　그렇게 중학교 1학년 겨울방학 때 집을 나갔다. 날짜도 기억한다. 12
월 25일 크리스마스였다. 그때 오빠도 아빠에게 혼나고 집을 나갔는데,

12월 24일이었다. 크리스마스 이브에 오빠가 집을 나가고 다음날 내가 집을 나온 것이다. 한 달 동안 친구 집에서 자고, 어떨 땐 아파트 옥상에서 친구들과 밤을 새기도 하고, 친구들에게 돈을 빌려 24시 목욕탕에서 아줌마들 틈에 끼어 잤던 적도 있다.

결국 한 달 후 아빠에게 잡혀 집에 들어갔고, 새엄마는 오빠에게는 잘 왔다고 하면서 나에게는 "나이도 어린 계집아이가 집을 나간다"고 다그쳤다. 그런 말을 할 때마다 나의 반항심은 커져갔고, 결국 한 달도 되지 않아 다시 집을 나왔다. 밖에서 나는 아르바이트를 했다. 분식집에서 서빙을 하고 꽃가게에서 꽃잎을 치우고 고작해야 15만 원 정도 되는 알바비로 10만 원짜리 자취방을 구하고 이불 하나 없이 지내기를 몇 달 ……. 아르바이트를 하다가 아빠에게 또다시 잡히고 말았다. 나는 아빠에게 머리를 잘리고 고모집에 가게 되었다. 새엄마 몰래 가 있었는데, 어떻게 알았는지 새엄마가 알아버렸다. 그렇게 되자 아빠는 새엄마에게 시달리게 되었고, 쉬는 날마다 내게 와서 쥐어박고 때리고……. 항상 같은 일상에 더 이상 그곳에 있을 수가 없었다. 결국 고모집에서 야반도주를 했다. 모두들 잠든 사이 짐을 챙기고 신발도 제대로 신지 못한 채 누가 쫓아올세라 한참을 뛰었다.

친구에게 연락해 친구 자취방에서 지낼 수 있게 되었다. 그곳도 그리 편하지는 않았다. 밤이면 오빠들이 놀러와 술을 마시고, 친구 언니는 다방에서 일을 했는데 맨날 도망쳐서 숨으러 오면 나중에 업주들이 언니들을 끌고 가고……. 자취방에는 친구 두 명과 한 살 많은 언니가 있었는데 한 친구와 나는 나머지 두 명에게 구타도 당했다. 언니는 우리보다 나이가 많았고, 남은 한 친구는 언니가 자주 오기에 우리가 어떻게 할 수 없었다.

참을 수가 없어서 그곳에서 나왔고, 새벽에 돌아다니다가 한 아저씨에 의해 아동학대 쉼터라는 곳에 가게 되었다. 그곳에서 나는 다섯 달 정도 지냈다. 검정고시 학원도 다녔다. 처음에 들어갈 때 집에는 비밀로 해달라고 했는데 어떻게 알았는지 아빠가 알아버렸다. 너무 갑갑했고, 아빠가 찾아올까봐 겁이 났는데, 같이 학원 다니던 언니 오빠들과 어울리다 보니 저절로 쉼터에서 나오게 되었다.

오빠와는 계속 연락을 했는데, 아빠가 알아버렸다. 사촌언니 미용실에서 미용을 배웠지만 그것도 잠시, 얼마 견디지 못하고 아빠가 사촌언니에게 내가 필요한 것 사주라고 맡겨둔 돈을 훔쳐 또다시 나왔다. 사촌언니 집에서 나와 다방에 처음으로 들어갔다. 아는 오빠가 다방에서 오토맨을 하고 있었는데, 가지고 있던 돈을 다 쓰고 돈이 필요했던 나는 그 오빠에게 말해서 다방에서 일을 하게 되었다. 너무 힘이 들었다. 손님들이 쓰다듬고 말장난치는 게 소름이 끼칠 정도로 싫고 무서웠다. 일주일 정도 일을 하고 도망을 쳤다. 왜 도망을 쳐야 했는지 지금 생각해도 이해가 가지 않는다.

그렇게 그곳에서 나오고 난 후 아는 언니의 민증을 도용해 2002년 봄, 경기도에 있는 공장에서 일을 했다. 3개월 정도 일을 했는데, 수습 기간이 끝나 일을 그만두어야 했다. 같이 일하던 동생을 데리고 나는 다시 ○○로 갔다. 막상 ○○로 오니 할 일이 없었다. 내 나이가 안 돼서였기도 하지만, 그 동생이 내 본래 나이를 몰랐기에, 그리고 다시 매일 똑같은 일을 반복하는 게 지겨워서 공장에 가기는 싫었다. 그때 머릿속을 스치는 건 오토맨을 하던 오빠였다. 마침 동생도 다방에서 일한 적이 있던 터라 그 오빠에게 연락을 했다. 그때는 미안했다고, 다시 일자리를 알아봐주면 안 되겠냐고. 그렇게 나의 업소생활은 시작되었다.

3.

첫 업소생활은 순조롭게 진행되었다. 아침에 일찍 일어나는 것 외에는 일을 하기 싫었던 적도 거의 없었다. 지금 생각해보면 늦잠을 자도 별말 안 하고 일주일에 한 번씩 쉬게 해주고, 다른 업주들보다 많이 좋았던 것 같다. 배달다방에서 아침 8시에 출근해 저녁 10시까지 일을 하고 어린 나이에 만져볼 수 없는 120만 원이라는 큰 돈을 월급으로 받았다. 손님들에게 애교 조금 떨고 하니 나에게도 지정손님이 생겼다. 다른 곳에 가면 더 잘할 수 있을 거란 생각이 들었다. 조금만 더 하면 월급도 많이 받을 수 있을 거란 생각에 그곳을 그만두고 일자리를 알아보는데, 그때 언뜻 생각이 나는 건 티켓다방이었다. 친구 언니가 티켓다방에서 일을 하는데, 그곳에서 일하면 배달다방보다 더 많은 돈을 준다고 했었다.

그래서 이곳저곳 알아보다가 근처 다방에 가게 됐다. 그곳에서는 숙소생활을 했는데, 숙소는 다방 안에 있는 단칸방이었다. 12월 한겨울에 불도 들어오지 않는 냉방에서 이불을 두 겹 세 겹씩 덮고 잤다. 주인이 잘 들어오지 않아 지출도 할 수 없었고, 때문에 숙소생활을 하지 않을 수도 없었다. 그 다방은 참 이상했다. 하루에 배달이 많아야 열 군데고, 티켓을 나가도 동네에선 티켓을 나가지 말라는 주인 말 때문에 항상 차 타고 20~30분 거리에 있는 외곽으로 나갔다. 그렇게 보름 정도 일을 했는데, 주인이 하루 쉬자고 했다. 그래서 나는 같이 일하던 언니와 놀러갔고, 그 후로 주인은 연락이 되지 않았다.

월급을 하나도 받을 수 없었던 나는 같이 일하던 언니의 권유로 언니네 집에서 지내게 되었다. 그 언니는 나보다 2살이 많았고, 언니 역시 미성년자였다. 언니는 엄마와 함께 살았는데, 언니 엄마는 촌에 있는 다방에서 배달을 하다가 돈을 모아 소주방을 차렸다. 언니와 나는 저녁마다 화장을 하고 소주방으로 출근해, 아빠뻘인 손님들 옆에 앉아 술을 마시고 웃었다. 장사가 끝날 때쯤이면 항상 만취 상태였고, 다음날 늦게까지 자다가 출근하고, 가끔 언니와 밖에 시간(티켓)을 나가기도 했다. 나는 그렇게 3개월 정도 일을 하면서 시간비와 팁을 조금 모아 대구에 아는 언니에게로 갔다.

그 언니는 공장에 다니면서 여관생활을 했었다. 마침 내가 갔을 때 언니는 돈이 없어서 방값을 못 내고 있어서 내가 벌어두었던 돈으로 방값을 냈다. 언니는 얼마 있다가 일을 그만두었고, 나 역시 일을 하지 않고 있던 터라 방값을 내기에는 돈이 모자랐다. 다음날 당장 방을 비워줘야 하는 상황이 왔고, 언니는 멀리서 친구가 왔다며 잠깐 나갔다가 온다고 했다. 그리고 다음날 아침 일찍 와서는 빨리 짐을 싸라고 했다. 친구가 ○○에서 다방을 다니다가 손님을 잘 만나서 일을 그만두고 왔는데, 자기에게도 남자를 소개시켜줬다고 했다. 그 남자에게 동생도 있다고 하니까 괜찮다고 데리고 오라고 했다는 거였다. 왠지 꺼림칙하고 못마땅했지만 어쩔 수 없이 따라나서야 했다.

우리는 밖에서 밥을 먹고 한 여관으로 갔다. 그 남자들은 언니친구와 언니와 내가 지낼 집을 알아봐야 한다고 당분간은 여관에서 지내라고 했다. 그 남자들은 낮에는 일하러 가는지 밖에 나가 있다가 저녁이면 여관으로 와서 자곤 했다. 3일 정도 여관에 있었을까? 한 날은 그 남자들이 낮에 아무데도 가지 않고 언니들이랑 심각하게 얘기를 하는 것이었다. 그리곤 한참 후에 언니가 내게 와서는 갑자기 이상한 말을 했다. 그 언니는 업소생활을 한 번도 해보지 않은 언니였는데, 업소에 일을 하러 간단다. 나는 왜 그러냐고 물었고, 언니는 한참 후에 말하길, 그 남자들이 갑작스레 일이 생겨 돈이 필요하게 됐는데, 언니들보고 선불을 조금씩 땡겨 자기들을 도와주고 일을 하고 있으면 열흘 있다가 다시 돌려준다고……. 내가 들어도 정말 말도 안 되는 소리를 언니는 믿었나 보다. 나는 말렸지만 언니는 들은 척도 하지 않았다. 그렇게 다음날 언니는 그 남자들의 연줄을 통해 ○○라는 외지에 있는 티켓다방에 가게 됐고, 나는 그 남자들이 잡아준 여관방에 혼자 남았다.

눈물이 났다. 언니가 그 남자들에게 속은 거 같아 속상해서 흘린 눈물이기도 했지만, 진심은 저 사람들이 '언니들이 일하러 갔으니 언니들이 나올 때까지 너도 일을 하라'고, 일자리를 알아봐준다고 해서 혹시

나도 언니들처럼 저렇게 되지 않을까, 하는 마음에 겁이 나 흘린 눈물이기도 했다. 다음날 나는 그냥 내가 일자리를 알아본다고 하고 대구 근방에 있는 다방으로 갔다. 처음에 주인은 미성년자라도 괜찮다고 하더니, 나중에는 집에 연락해 부모님의 동의서를 받아서 일을 하면 어떻겠냐고 나를 설득시켰다. 나는 안 될 거란 걸 너무나 잘 알고 있었지만, 혹시나 하는 마음에 1년 만에 집에 연락을 했고, 아니나 다를까 아빠는 다방이란 말 한마디에 대꾸도 없이 전화를 끊어버렸다.

그곳에서 같이 일하던 언니가 있었는데, 언니는 나이도 어린 아이가 불쌍하다며 나에게 잘해주었다. 내가 그곳에서 보름 정도 일을 했을 때 언니는 일을 그만두었고, 그 가게에 남은 아가씨는 나뿐이었다. 두 명이서 배달해도 쉴 틈이 없었는데 혼자서 일을 하려니 너무 벅찼다. 주인이 여자여서 가끔 배달을 가주기도 했지만 역부족이었다. 점심시간에는 차를 타고 배달을 다니면서 차 안에서 식사를 해결했고, 저녁은 먹지 못하는 날이 많았다. 아파도 어쩔 수 없이 일을 해야 했던 나는 한 달밖에 일을 하지 못했다. 그렇게 일을 그만두고 같이 일하던 언니와 함께 지내게 되었다. 그 언니는 남자와 동거를 했다. 언니와 오빠 둘 다 기소중지 상태였는데, 오빠는 일을 하지 않고 언니만 오빠에게 주방에서 일을 한다고 속이고 일을 했다. 빚이 있어서 이리저리 자주 일을 옮겨야 했던 언니는 항상 나를 데리고 다녔다. 열심히 일을 해도 빚이 줄지 않자 언니는 소개소를 타게 됐고, 나 역시 같이 소개소를 탔다.

4.

언니와 내가 소개소를 타고 처음 간 곳은 ○○에서 버스를 타고 한 시간가량 걸리는 허름한 동네였다. 화장품가게 하나 없고 게임방도 없고 초등학교는 분교에다, 집이라고 해봐야 길이가 1킬로미터도 안 되는 길에 옹기종기 모여 있는 집이 다였다. 그런 동네에서 하루 5만 원 입금제로 한 달 동안 일을 했다. 한 달을 채우고 나니 내가 가게에 벌어준 돈은 150만 원. 한 달 일한 돈 치고는 황당하게 적은 돈이었다. 근데 더 황당한 건, 내가 입금을 채우고 받은 돈은 50만 원도 채 안되는 돈이었다. 그렇게 일을 하고 우리는 ○○이라는 곳으로 갔다. 아침에 일찍 일어나 배달하고, 해질 무렵이면 소주방이니 주점이니 시간을 나가고, 숙소로 돌아오면 항상 새벽 3, 4시였다.

너무 힘이 들었다. 꼭 이렇게까지 해서 일을 해야 하나 하는 생각이 들었지만, 막상 일을 하지 않으면 갈 곳도 없고 받아주는 곳도 없었기에 어쩔 수 없이 참고 일을 했다. 언니와 함께 가게에 앉아 있으면 주인은 자기들을 엄마, 아빠처럼 생각하라는 말을 항상 내뱉었다. 하지만 언니가 배달가거나 밖에 나가고 없으면 주인들은 나에게 "다른 가게 아가씨들은 2차도 나가고 개인 손님들과 올도 나가고 해서 매상 올리는데 니들은 뭐냐"면서 다그치곤 했다. 언니에게 말하면 언니가 업주랑 싸울 거고, 싸우면 쫓겨날 게 뻔했다. 언니는 쫓겨나도 별 상관없었지만 나는 아니었다. 한창 단속이 심해 갈 곳이 없었다. 그곳에서도 나를 받지 않으려고 했었지만 소개소 오빠가 소개비를 안 받는다고 해서 일을 하라고 한 것이었다.

그렇게 눈치가 보여서 원하지 않는 2차를 나갔다. 경찰과 시간을 나갔다가 올을 나가자고 해서 이 핑계 저 핑계 다 대며 뿌리친 적이 있는데, 그것 때문에 업주에게 엄청 혼났던 적도 있다. 원래 영업시간이 새벽 2시까지라 2시 이후의 시간은 자유시간이었음에도 불구하고 4시까지 일한 날에도, 5시까지 일한 날에도 시간비를 꼬박 다 업주에게 갖다 바쳤다. 언니도 많이 힘이 들었던지 한 달을 채우지 못하고 일을 그만두고 소개소 오빠에게 갔는데, 나중에 알고 보니 언니는 소개소 오빠랑 이곳저곳에서 탕치기를 하고 다녔던 것이다. 내가 일하고 있는 곳에서 받은 선불금은 주지도 않고……. 덕분에 나는 맨날 업주에게 시달리게 되었고, 참다못해 소개소 오빠에게 일을 못하겠다고 하자, 오빠는 시간 나간다고 하고 대구로 오라고 했다. 그렇게 한 달 보름을 그곳에서 일하고 대구로 가서 이제 일 그만둔다고, 짐은 나중에 찾으러 간다고 다방에 전화를 했다.

이틀 정도 있다가 언니와 다른 곳에 일하러 갔다. 저녁에 가서 자고 다음날 아침부터 일을 시작했는데, 언니가 첫 배달을 갔다 오는데 표정이 이상했다. 그리고 뒤에 누가 따라 들어오는 것이었다. 덩치가 큰 남자 두 명과 다방업주였다. 그 자리에서 나는 머리를 한 대 맞았고, 그 길로 ○○으로 끌려가 감금 아닌 감금을 당했다. 나는 별 잘못이 없었기에, 언니가 나에게 짐 챙기고 월급 받아서 대구로 가라고 했다. 근데 여자업주는 내가 일하다가 도망쳤다고 오히려 나한테 돈을 달라는 것이었다. 그러고는 도망칠 생각하지 말라고 하며 내 뺨을 때렸고, 남자업주는 소개소 사람을 불러 언니에게 일어나서 한 바퀴 돌아보라고 하며 이것저것 시키더니 제주도밖에 갈 데가 없다고 했다. 소개소 사람이 가고, 언니와 나는 울었다. 언니는 제주도에 가기 싫다고 무섭다며 울었고, 나는 언니 눈물에 덩달아 울었다.

그리고 언니는 소개소 오빠에게 전화를 했다. 제주도에 팔려가게 생겼다고. 그러자 소개소 오빠는 차라리 자수하라고, 아는 이모 친구가 경찰인데 연락해주겠다고, 금방 나올 수 있게 해준다고 언니에게 말했다. 언니는 그렇게 한다고 했다. 해가 지고 저녁이 되었을 때, 포항에서 경찰 두 명이 와서 언니를 연행해갔다. 경찰 뒤에는 소개소 오빠 후배들이 나를 데리러 왔고, 짐을 챙겨 차에 실었는데 업주가 나와서 언니 어디 갔냐며 내 팔을 꽉 잡고 놓아주지 않았다. 언니가 기소중지 상태라 경찰에 잡혀갔다고 했지만, 업주는 믿지 않았다. 후배들은 언니를 데리고 간 경찰에게 전화를 했고, 업주를 바꿔주었다. 소용없었다. 언니의 요청으로 경찰들이 왔고, 나는 파출소에 갔다. 파출소에 가니 나랑 자주 놀았던 형사 한 명이 먼저 와서는 나에게 욕을 해댔고, 나는 그곳에 있는 기동대 아저씨 덕분에 진술서만 쓰고 다음날 다시 오기로 했다. 다음날 일어나서 가려고 하니 겁이 났다. 혹시 업주와 말이 오가서 나를 어떻게 하지 않을까 하는 생각이 들었고, 소개소 오빠 역시 가지 말라고 해서 가지 않았다.

그 사이 언니는 부산의 경찰서로 옮겨졌고, 언니랑 동거하던 오빠 역시 언니가 잡혀갔다는 걸 알게 되었다. 몇 번을 면회를 가도 언니는 나오지 않았고, 어느 날은 면회를 가고 있는데 전화가 왔다. 언니였다. 어떻게 전화를 했냐고 물으니, 내가 ○○에서 잡혀갔을 때 나랑 같이 진술서 썼던 기동대 아저씨가 왔다고, 업주랑 상관있는 그런 사람 아닌 것 같다고 나도 조사를 받으라고 했다. 나는 그러겠다고 했고, 부산경찰서에서 기동대 아저씨와 ○○경찰서로 갔다. 새벽까지 조사를 받고 파출소 여순경 언니 방에서 아침까지 잠을 잤다.

얼마 후 ○○에 일하러 갔던 언니와 연락이 되었다. 마산에 있다고 해서 마산으로 갔다. 아니나 다를까 그 남자들에게 사기를 당했단다. 열흘이 지나니까 돈이 더 필요하다고 해서 더 줬는데 그 후론 연락이 안 된다고 했다. 쉬지도 않고 일해 겨우 빚을 다 갚고 나왔다고……. 나는 언니랑 마산에서 보도를 했다. 일주일 정도 있다가 짐을 찾으러 가려고 소개소 오빠에게 연락하니 연락이 안 되는 것이었다. 내가 조사받을 때 자기 얘기도 들어가서 잡혀갈까봐 도망친 것이다. 그래서 아마 나에게 조사를 받으러 가지 말라고 했던 것 같다.

짐을 다 잃어버리고 마산에서 겨우 일을 했다. 내가 그렇게 있는 사이 언니는 탕치기하러 다녔던 일이 커져 부산 구치소로 넘어갔고, 가끔 편지를 주고받으며 안부를 물었다. 나는 생일은 물론 설날에도 주점에서 손님을 맞았고, 언니는 1월 초에 집행유예를 받고 나왔다. 언니가 나와서 마산에 왔는데, 날보고 부산에 가자고 했다. 부산에 성매매 여성을 도와주는 곳이 있다고 같이 가면 좋을 거라고 해서 나는 당연히 좋다고 했고, 2004년 1월 27일 쉼터에 입소했다.

5.

처음에 쉼터에 왔을 때 살이 많이 쪘었다. 쉰다는 그 자체가 행복이었다. 그리고 검정고시 학원을 다녔다. 한 번은 언니와 심하게 싸웠는데, 사건 해결하러 같이 다니다 보니 저절로 풀렸던 적도 있다. 사건을 해결하고 좀 있다가 언니는 친언니에게로 간다고 했다. 나는 그나마 믿는 언니가 쉼터를 나간다니 이상했다. 언니를 보고 이곳에 오게 되었고, 만약 내가 지금 이곳에 남아 있는다고 해도 정말 내가 잘할 수 있을까 하는 의문도 들었다. 그래서 나도 언니를 따라 나갔다.

처음에는 김밥집 아르바이트를 했다. 업소에서 일을 하다가 그곳에서 일하려니 많이 힘이 들었다. 생활비도 모자란 데다 필요한 건 많은데 돈은 없고 얼마 안 되는 월급으로 하루하루 살기엔 너무 빠듯했다. 거기다 언니는 내 맘을 아는지 모르는지 경기도에 있는 공장에 가야겠다고 했다. 나도 공장에서 일한 적은 있지만 그때는 다른 언니 민증을 도용해서 간 것이었고, 공장에 가기도 싫었다. 더 중요한 건 나이가 되지 않아, 그곳까지는 언니를 따라갈 수가 없었다. 경기도까지는 같이 갔다. 처음에는 언니가 구해준 방에서 놀고먹고 했었다.

하지만 맨날 놀고먹을 수는 없는 일이라 다시 업소에 가기로 마음먹고 언니에게 도와달라고 부탁했다. 언니 아는 삼촌의 누나가 술3종을 하는데 그곳이라도 가겠냐고 했다. 3종이란 말에 겁이 났다. 하지만 어

48

쩔 수 없었다. 빚이 있는 것도 아니니 돈벌이는 괜찮을 거라는 언니 말에 나는 그곳에서 일을 했다. 다행히 예전에 업소에서 일할 때 같이 일하던 언니가 내게 맡겨두었던 민증이 있어서 그 민증으로 주인을 속이고 일을 할 수 있었다. 시간비는 2만 5천 원. 손님의 요구에 따라 팁을 받고 쇼를 하는 곳이었다. 테이블에 올라가 옷을 벗고 춤을 추고 몸에 술을 뿌리고……. 처음 해보는 일이었지만 그런 것으로 알려진 동네라 나만 피해갈 수는 없는 일이었다.

　단속이 뜨는 날이면 업주에게 이 핑계, 저 핑계를 대서 내 방에 가서 숨어 있었고, 언니 민증을 가지고 보건증도 했었다. 그렇게 몇 달을 일하다가 언니랑 싸우고 마침 ○○에 있는 언니가 ○○에 같이 와서 일하자고 했다. 나는 다시 ○○으로 갔고, 카페에서 일을 했다. 카페에 오는 손님들은 부유층이 많았다. 손님들에게는 대학생이라고 속이라는 주인 말에 그렇게 했더니 원조(원조교제)를 원하는 손님들도 있었다. 말로만 듣던 원조였다. 그런 것까지는 생각도 하지 않고 있었던 터라 거절을 했고, 손님들은 그런 나에게 대신 2차를 가자고 했다. 나는 2차까지 나가며 돈을 버는데, 언니는 일을 하지 않았다. 맨날 남자친구 만나러 가서 며칠씩 외박하고 오고, 집에 와서도 서로 말 한마디 안 했다. 방값, 언니 폰 요금, 생활비 모두 내 몫이었다. 너무 부담이 됐다. 혼자서는 그 많은 생활비를 감당하기도 힘이 들었고, 언니에게 말해도 언니는 들은 척 마는 척 했다. 몸도 좋지 않았을 뿐더러 인내심의 한계를 느꼈다. 더 이상 일도 하기 싫었고, 여기저기 옮겨 다니며 더는 갈 곳도 없었다.

일을 잠시 쉬고 집에 있으면서 서랍을 정리하는데, 쉼터에 생활지도사 선생님으로 계시는 ○○언니 명함이 나왔다. 하루를 꼬박 그 명함을 보며 많은 고민을 했다. 그곳에 다시 간다면 나는 중고등학교 검정고시 시험을 칠 수 있을 것이고, 나에게도 자립할 수 있는 기회가 생긴다. 하지만 만약 내가 또다시 견디지 못하고 나온다면 더 이상 갈 곳이 없다는 생각과, 그런 상황이 되면 정말 죽어야 된다는 생각을 했다. 쉼터에 전화하기 전날 저녁에 혼자서 그런 생각을 하며 소주를 두 병이나 마셨다. 그때 내가 같이 사는 언니에게 전화를 하지 않았더라면 아마 나는 아직까지 업소에서 술을 마시고 웃고 있었을지 모른다. 나는 언니에게 전화를 했고, 화를 냈다. 언니는 일하기 싫어서 안 하고 나는 일하고 싶어서 하냐고, 왜 나만 계속 제자리걸음이냐고. 언니는 나한테 술주정하지 말고, 내일 얘기하자고 했다. 나는 알고 있었다. 내일이 되고 내가 술이 깨면 분명히 언니에게 그런 말을 못 할 거라는 걸. 그리고 언니가 하는 말만 일방적으로 듣게 될 것이다. 그래서 나는 전화를 하지 않았다. 다음 날 ○○언니에게 전화를 했다. 다시 쉼터에 들어가고 싶다고, 이번엔 정말 잘할 거라고. 그렇게 나는 2004년 10월 1일, 다시 쉼터에 입소했다.

6.

다시 쉼터에 왔을 땐 많은 것들이 변해 있었다. 모두들 예전처럼 집에서 먹고 노는 것이 아니라 일주일에 한 번씩 동료 상담원 교육을 받고, 아웃리치 서비스를 나가고, 자립을 위해 학원을 다니는 언니들도 있었다. 용기가 생겼다. 나도 할 수 있다는 생각과, 남들처럼 공부를 하고 나중엔 안정된 직장을 구할 수 있다는 용기가 생겼다. 11월부터 고입자격을 위해 검정고시 학원을 다녔다. 쉼터에 있는 비슷한 또래 언니와 온라인 게임을 하러 게임방에 갔다가 아침에 늦잠을 자 지각도 하고 가끔 땡땡이라는 것도 해서 원장님께 혼나기도 했다. 2005년 1월, 한 패스트푸드 점에서 3개월간 아르바이트를 했고, 4월에 고입자격 검정고시의 합격을 맛보았다. 그리고 그 해 8월 대입자격 검정고시를 쳤다. 좋은 점수는 아니었지만, 짧은 시간에 나의 꿈을 이루었고 지금은 ○○시에 있는 전문대 사회복지과 수시모집에 합격을 했다.

예전엔 먼 거리도 택시를 이용했는데, 지금은 땀 냄새 풀풀 풍기는 버스를 탄다. 노인분들이 타시면 자는 척 한번 해보고 자리를 비켜드리고, 슈퍼를 갈 때도 화장을 하고 갔던 내가 요즘엔 아침마다 썬크림 하나만 바르고 학원을 간다. 이제 내년이면 사회복지학과를 가서 내가 원하는 일을 하며 웃고 있을 것이다.

나는 지금 꿈을 향해 한걸음 한걸음 다가가고 있다. 내가 일을 했던 게 늦은 저녁이었나? 만약 그렇다면 지금은 새벽인가보다. 곧 아침이 찾아오면 나는 업소에서 일하던 아가씨가 아닌, ○○○이라는 이름으로 새 단장을 하고서 더 나은 오늘과 더 나은 내일을 생각할 것이다.

이젠 길이 보여요

글 제목이 〈이제는 나도 웃는다〉네요. 왜 이렇게 지었어요?

    그냥 업소에서 일할 땐 맨날 술 취해가지고 그랬었는데, 이젠 아니니까요. 딴 사람들하고 똑같이 생활하고 그러니까요.

처음에 쉼터에서 나갔을 때, 다들 너무 안타까워했어요. 아직 어린 나인데, 그때가 17살이었잖아요. 나가서 또 어떻게 될지 모르니까, 걱정 많이 했어요. 그때 쉼터를 나간 주요 이유가 뭐였어요?

    친하게 지내던 언니도 나간다고 하고, 그때는 학원 다니는 거 지원도 안 됐잖아요. '여기 있는다고 뭐가 변하겠나' 라는 생각이 들더라구요. 맨날 쉼터에서 놀고먹고 하니까. 근데 언니가 나간다고 해서 같이 나가게 된 거죠.

그러면 쉼터에 다시 들어왔을 때, 이젠 정부에서 지원이 나오잖아요? 어떤 점이 좋아요?

일단 검정고시 합격을 했잖아요. 그리고 예전엔 쉼터 밖에 나가고 싶어도 돈이 없어서 못 나갔는데, 지금은 프로그램 참가하면서 참가 수당도 받으니까.

그거 얼마 안 되잖아요. 일주일에 만 원?

학원 다니면 교통비가 한 달에 10만 원 나오잖아요. 교통비가 10만 원까지는 안 드니까, 하하. 좀 남는 걸로 용돈 하고. 딱 적당한 거 같아요.

그래요? 용돈으로 쓰기엔 적은 거 같은데.

업소 일을 할 때에 비하면 택도 없지만, 계속 그렇게 적게 써 버릇하니까 괜찮은 거 같아요.

그래도 아직 어린데, 예쁜 거 보면 사고 싶고 그럴 거 같아요.

그럴 땐 남자친구한테 사 달래야죠. 하하. 이젠 만 원만 봐도 되게 크게 느껴져요. 뭐 사러 가면 비싼 건 아예 보지도 않고. 뭐 인터넷으로 주문할 땐 택배비 아끼려고 언니들이랑 같이 주문해요.

글 보면 버스 타는 이야기가 나오는데, 업소 일 하는 분들은 택시 많이 타잖아요? 택시 타는 게, 진짜 습관인 거 같아요. 택시를 타다 보면 택시를 안 타면 불편하고, 버스를 타다 보면 택시 타는 게 아까워지고.

맞아요. 요번에 쉼터에 새로 온 삼총사 언니들은 온 지 아직 얼마 안 됐잖아요? 아직까지 택시를 이용하는 거예요. 서면 갈 때도 택시 타고. 아직 버스를 타면 어지럽대요. 저도 가끔 언니들 나갈 때 택시 얻어 타고 그러는데, '아, 아깝다' 이런 생각 들어요. 버스 타도 걸리는 시간은 비슷한데.

학원 다니는 건 안 힘들어요?

아침에 일어나는 게 좀 힘들어요. 그래서 학원 다니고 나서부터는 밤에 일찍 자요.

어떨 때 사는 보람이 있어요?

검정고시 붙었을 때요.

그때 검정고시 붙은 분들, 합격 소식 듣고 다 울었다면서요? 붙을 줄 몰랐어요? 우린 다 붙을 거라고 생각하고 있었는데.

전에 한 번 떨어졌었잖아요. 두 번째에 붙으니까 더 좋은 거 같아요. 언니들이 초콜릿이랑 엿이랑 사줘서 좀 부담이 됐는데, 붙어서 너무 좋았어요.

앞으로의 꿈이 뭐예요?

제가 도움을 많이 받았잖아요? 아동쉼터에도 있었구요. 대학 졸업하면 노인복지 쪽도 일하고 싶어요. 이전에 있던 복지관에서, 혼자 사는 노인들 도시락 갖다 주는 거 도와드린 적이 있는데, 너무 불쌍한 거예요. 그리고 거기 장애인 애들 학교가 있었는데, 거기서 애들 도와주고 그림 그리는 거 도와주고 그런 프로그램 했었어요. 근데 보통 정상적인(비장애) 애들보다 더 편해요. 애들이 보

통 떼쓰고 그러잖아요? 장애인 애들은 그런 게 없어요. 착하고
…….

힘든 걸 아는 사람이 힘든 사람을 잘 도와줄 수 있대요. 잘할 거 같아요.

지금, 나는……

나는 아버지와 친어머니를 완전히 이해할 순 없습니다. 쉼터에 지내며 했던 많은 프로그램들과 많은 치료들을 통해 그나마 조금이라도 부모님 입장을 생각할 수 있었기에 조금은, 아주 조금은 이해할 수 있을 것 같습니다. 하지만 이해를 한다고 해서 용서하는 것은 아닙니다. 이제 업소에 발을 디딘 것, 성매매를 한 것 모두가 부모님 탓이라고 말하지 않을 겁니다. 하지만 조금의 영향은 있겠지요. 내가 지금 이렇게 말할 수 있는 것은 현재 나의 모습에 내가 만족하기 때문입니다.

어린 나이에 많은 것을 보고, 많은 것을 듣고, 많은 것을 경험하고, 누구를 잡고 물어도 좋은 그림, 좋은 말, 좋은 경험들은 아니겠지만 난 그렇게 생각하지 않겠습니다. 내가 본 그림들은 앞으로 내게 일어나지 않을 상황들이고, 내가 들은 말들은 훗날 내가 들을 말들을 미리 들은 것이고, 내가 겪은 경험들은 앞으로 내가 겪어야 할 힘든 일들을 미리 연습해놓은 거라 생각하겠습니다.

내가 이 말들을 잘 이루어나갈지 사실 나도 잘 모릅니다. 하지만, 이렇게 나 자신에게 다짐을 함으로써 희망이 생기고, 당당해지고, 용기가 생긴다는 걸 나는 느낍니다. 앞으로 내가 넘어야 할 벽들이 너무나 많은 것을 난 알고 있습니다. 물론 그 벽들을 혼자 힘으로 넘어야 한다는 것도 알고 있습니다. 많은 힘이 들겠지만, 많이 지치겠지만 지금껏 내가 온 길들을 다시 되돌아가기엔 너무 아깝다는 생각이 듭니다. 그래서 오늘도, 내일도, 모레도 계속 앞으로만 나갈 것입니다.

그러기 위해선 지금까지보다 더 많은 걸 보고, 듣고 배워야겠지만 나중에 내 모습을 생각하며 "그쯤이야 우습지" 하고 생각할 겁니다. 그렇게 성공한 모습으로 자신 있게 나를 낮추어봤던 많은 사람들과 부모님 앞에 다가갈 것입니다.

마음 같아선 두 배로, 세 배로 복수를 해도 분이 풀리지 않겠지만 그러지 않으렵니다. 더 잘해주고, 더 위해주고, 더 많이 아껴주며 그렇게 자신감 넘치고 당당한 내가 되겠습니다.

사오정님은 나이가 어려서 쉼터에서는 항상 '막내'로 불립니다. 하지만 막내이면서도 어른스런 말투와 마음 씀씀이로 '아줌마'라는 말을 듣기도 해요. 사오정님은 머리가 참 좋은 것 같아요. 그리고 공부도 열심히 한답니다. 중학교 과정과 고등학교 과정 검정고시를 일 년에 패스하는 기염을 토하기도 해서 쉼터의 다른 식구들에게 힘을 주었습니다. 이제 대학에 입학한 사오정님이 자신의 꿈처럼 훌륭한 사회복지사가 되길 기대합니다.

샤인;

주위에 탈성매매 여성이 있다면 따뜻한 손으로 잡아주는 게 정말 엄청난 힘이 되니까 회피하지 말고 손만이라도 잡아줬으면 좋겠어요. 또, 우리가 아무리 그런 직업을 가졌던 여성이라 해도 똑같은 여성이라고 생각해줬음 좋겠어요. 자기들은 깨끗하고 우리는 더럽다는 생각을 버렸으면 좋겠어요. 우린 절대 더러운 몸이 아니고 어떻게 하다 보니까 그런 길로 빠진 것뿐이지 마음만은 정말 순수하다는 거…….

화려한 외출

왕따와 가출

1979년 나는 어머니의 몸에서 발버둥치면서 태어났다. 아버지께서 바라셨던 대로 첫째는 아들을, 둘째는 딸을 낳으셨다. 보통 집에서는 아들이 우선이겠지만 우리 집에서는 내가 우선이었다. 이유는, 우리 집에서 아버지의 사랑을 한 몸에 받고 있었고 하는 행동 하나하나 머리부터 발가락까지 아버지와 안 닮은 데가 없었기에 집에서 만큼은 귀하신 몸이었다. 그 당시 아버지는 스포츠댄스 강사이자 학원 원장이셨다. 피는 못 속이는지 아버지가 운영하시는 학원에 가는 것을 무척이나 좋아했고 아줌마, 아저씨들 수업에서 아버지 몰래 따라하곤 했다. 그걸 아신

어머니는 다음날부터는 학원 근처에 가지도 못하게 하셨다. 유치원을 마치고 어머니 몰래 학원에 가기가 일쑤였다. 이런 나를 본 어머니와 아버지는 얘기 끝에 아버지의 직업을 바꾸실 수밖에 없었다.

이렇게 크고 작은 일이 반복되면서 세월은 흐르고 내가 자라 초등학교 3학년이 되던 해에 나에게 충격적인 사건이 발생했다. 엄마는 아빠와 당분간 떨어져 살아야 한다고 했다. 겨울방학이었다. 엄마는 오빠와 나를 데리고 부산 이모집으로 내려왔다. 불길한 예감이었다. 어머니는 우리에게 "우리 부산 내려와서 살자"라고 하셨다. 중학생이 되어서야 왜 우리가 부산으로 이사를 왔어야 했는지를 알게 되었다. 너무 어린 나이여서 아빠가 외도를 했는지, 무엇을 잘못했는지는 알지 못한 채 우리 세 식구는 그렇게 부산에 정착하여 살게 되었다. 우리 세 식구는 큰이모집에 얹혀살아야 했고, 뭐 하나 맛있는 걸 먹고 싶어도, 가지고 싶은 것이 있어도 내색할 수 없었다.

내가 5학년이 되던 해, 우리는 단칸방으로 이사를 가게 되었다. 단칸방이었지만 난 너무나도 기뻤다. 초라하지만 따뜻해보였고, 불편해보이지만 마음만은 편안했다. 우리가 그 집으로 이사한 지 2년 정도 지났을 때였다. 난 아빠의 외도로 우리가 부산으로 내려왔다는 사실을 그때서야 듣게 되었다. 집으로 들어가려는데 본의 아니게 작은이모와 엄마가 하시는 말씀을 들었던 것이다. 내 머릿속은 온통 하얀 게 아무 생각이 나지 않았고 나는 저절로 뒷걸음질쳐 집 근처 공터로 달려갔다. 이 사건을 계기로 난 점점 비뚤어져 갔고, 중학교 2학년이 되어서는 불량

학생들에게 집단 폭행과 왕따를 당했다.

그들이 왜 날 왕따를 시키는지는 알 수 없었다. 어느 날 그 애들은 교문 앞에서 날 기다리고 있었다. 따라오라는 소리에 반항도 하지 못한 채 따라갈 수밖에 없었던 건 그 애들은 16~17명가량이었고 난 혼자였기 때문이다. 어느 공터에 가서는 아무런 이유도 모른 채 맞고, 또 맞고, 완전히 만신창이가 되도록 맞았다. 다음날 엄마와 학교를 갔고 이 일은 온 학교에 퍼지면서 폭행을 주도한 몇몇 아이들이 퇴학을 당했고 이상한 소문이 돌기도 했다. 그때부터였는가 보다. 학교가 가기 싫어졌고 공부에도 별 관심이 없었다. 학교 성적은 당연지사 바닥을 기었고, 결국 난 야간 여상을 가게 되었다. 여상을 다니면서도 이 슬럼프에서 헤어나지 못했고 더욱더 깊이 빠져들고 있었다. 집에 가도 엄마는 우릴 먹여 살리려고 아침에 일 나가서 밤늦게나 들어오시기 때문에 항상 오빠랑 나랑만 있다 보니 싸우기도 많이 싸웠고, 오빠한테 맞기도 많이 맞은 터라 집에서도 정을 붙이지 못하고 그만 가출을 하게 되었다.

희망과 좌절

처음에는 친구 자취방에서 먹고 자고 했는데 이대로는 도저히 안 되겠다는 생각이 들었다. 얼른 나도 돈을 벌어 엄마를 돕고 싶은 마음이 들어 일자리를 찾아 나갔는데 "일자리 구하세요? 좋은 일자리가 있는데 한번 해보지 않을래요?"라는 어느 남자의 말에, 또 돈도 많이 벌 수 있다는 말에 귀가 솔깃해서 그만 유흥업소에 발을 들여놓았다.

당시 나는 미성년자였는데도 불구하고 주인은 오늘부터 일을 하자고 했다. 나는 그곳이 이렇게 무서운 곳이 될지는 상상조차 하지 못했다. 일주일 동안은 2차도 강요하지 않고 TC도 그날그날 챙겨줘서 정말 이렇게 계속하면 금방 돈을 벌 수 있겠다고 생각했다. 하지만 그건 나의 착각이었다. 그 뒤로는 TC도 밀리고 갑자기 2차도 강요당하면서 난 2차는 나가지 않겠다고 했지만 아무런 소용이 없었다. 그때만 해도 깡패를 두지 않은 가게가 없었기 때문에 무서운 협박으로 두려움에 휩싸인 나는 가게에서 정해준 여관으로 2차를 나갈 수밖에 없었다. 이것이 다가 아니었다. 2차를 나간 손님은 내가 관계를 거부하자 뺨을 마구 때려댔다. 난 더 이상의 거부를 할 수 없었고 너무 고통스러웠다. 끝나고 손님은 가고 나는 그 여관방에서 계속 울었다.

울면서 정신을 차릴 수 없었던 나는 눈물을 닦고 세수를 하면서 거울을 보고서야 정신을 차렸다. 내가 지금 무슨 짓을 하고 있는걸까? 감당할 수 없는 큰 충격이었다. 난 그때라도 정신을 차렸어야 했다. 하지만 내 몸이 어차피 더러워졌다고 느꼈기에 난 내 몸을 함부로 굴렸다. 어느 날 미성년자 단속이 뜨고 우리 가게도 걸려서 난 경찰서에 끌려갔다. 경찰서라는 곳은 너무나도 무서웠다. 경찰이 솔직하게 얘기하면 집에 연락하지 않겠다고 하여 난 그 말을 믿고 정말로 있는 그대로 얘기했지만, 잠시 후 엄마와 오빠가 경찰서에 들어서는 순간 난 기절해버렸다. 병원으로 실려가 정신을 차렸지만 눈을 뜰 수가 없었다. 조금 지났을까, 간호사가 링거를 뽑았고 엄마는 "일어나라, 집에 가자"라고 말씀을 하셨다. 엄마는 내가 아까부터 정신을 차리고 있었다는 걸 알고 계셨던 모양이다.

난 그때서야 눈을 살포시 뜨고 울기 시작했다. 뭐라 한 사람도 없는데 눈물이 멈추지 않았고, 집에 도착하자마자 난 바로 곯아떨어졌다. 오래간만에 푹 잔 느낌이었지만, 눈은 퉁퉁 부었고 엄마는 아무 말 없이 나에게 아침밥을 챙겨주시고 일하러 나가셨다. 엄마가 일하러 나가시는 뒷모습을 보니 또다시 서러움이 복받쳤는지, 아니면 눈물샘이 고장이라도 났는지 어제 그토록 울었건만 다시 눈물이 흐르기 시작했다. 난 마음을 진정하고 다시 자리에 누웠고, 그렇게 얼마나 잤는지 저녁쯤이 되어서야 눈을 떴다.

엄마는 일찍 들어오셔서 날 불러 앉히시고는 "○○야 학교 가기 싫으니?"라고 물으셨고 난 아무런 대답을 하지 않았다. 또다시 "○○야, 학교 안 갈 거니?"라는 질문에 난 "엄마 미안해요, 학교 다닐게요. 방학 끝나면 학교 다시 갈게요. 정말 죄송해요"라고 했고, 엄마와 난 부둥켜안고 울었다. 다음날 오후쯤이었다. 오빠가 "○○야, 너 왜 그랬는데?"라고 물었고 난 차마 "오빠가 때리지만 않았어도 이런 일은 없었을 거야"라는 말을 할 수가 없었다. 그냥 아무 말 없이 무릎을 꿇고 앉아 있었는데 갑자기 오빠가 농 위에서 각목을 꺼내고는 자기 말 무시하느냐며 화를 냈다. 난 마냥 울기만 했는데 오빠는 각목으로 내 다리를 때리기 시작했고, 몇 대를 맞았는지도 모르게 오빠는 각목을 놓아버렸다. 오빠는 나보고 세수를 하고 오라고 했지만 난 화장실을 갔다 오겠다고 하고서는 다시 집을 나올 수밖에 없었다. 그 당시에 화장실이 집 밖에 있었을 때라 도망가기에는 충분했다.

　난 뒤도 돌아보지 않고 다시 친구 자취방으로 향했고, 친구는 "니 다리가 왜 이러냐"고 물었다. 그때서야 내 다리를 보게 되었는데, 다리는 멍들다 못해서 피멍이 들어 부어 있었다. 난 오빠가 너무나도 원망스러웠고, 왜 그렇게까지 날 때려야 했는지 도저히 이해가 가지 않았다. 친구 자취방에 있으면서 이런 사람, 저런 사람을 알게 되었고 거기서 알게 된 여자아이가 "너 업소에서 일해본 적이 있냐"고 물었다. 잠깐 일했었다고 말을 하자 그러면 다시 일해볼 생각이 있느냐고, 언제까지 여기에 있을 수는 없는 문제이지 않냐는 그 애의 말에, 난 그렇겠다는 생각을 하게 되었다.

　그 아이는 그 업소에서 집도 구해준다고 하니까 좋은 조건 아니냐며 나중에 돈 벌어서 보증금은 갚으면 되고 그러면 그 집은 니 집이 되지 않느냐고 했다. 난 소개시켜 달라고 했다. 물론 며칠 생각하고 내린 답이었다. 정말로 그 업소 사장님, 사모님은 집도 따로 구해주었다. 단, 쉬는 날이 한 달에 한 번이었고, TC도 작고 스테이지에서 손님을 받으면 TC는 따로 나오지 않았다. 정말 힘들게 일하면서도 돈은 모이질 않았다. 그 이유는 결근비, 병원비 때문이다. 배보다 배꼽이 컸고, 그렇다고 팁이 잘 나오는 가게도 아니었다.

　그 가게에서 일한 지 2년 정도 되었을까, 난 그 가게를 그만두게 되었고 거기서 알게 된 언니의 소개로 조금 더 좋고 TC도 센 곳으로 옮겼다.

이왕에 일하는 거 좀더 좋은 곳에서 일해야겠다는 생각도 들었다. 하지만 그건 내 착각이었다. TC가 비싼 대신 '마담 MT비'라고 떼는 돈도 있었고, 결근비가 30만 원에 지각비는 시간당 3만 원이었기에 오히려 마이너스가 되기 십상이었다.

더욱더 웃긴 건 손님과 2차를 나갔는데 그 남자가 갑자기 돌변하더니 나를 마구 때려댔고, 칼로 날 협박하면서 소리 지르면 죽이겠다며 내 밑을 담뱃불로 지지며 "넌 이제 내 여자"라고 했다. 난 소름이 돋았다. 이리저리 실랑이를 하다가 손님은 잠이 들었고 난 그 틈을 이용해 옷 입을 시간도 여유도 없이 일단 그 방에서 빠져나와 계단에서 허겁지겁 옷을 대충 챙겨 입고는 미친 듯이 그 모텔을 빠져나왔다.

내 자신이 너무 비참하고 죽고만 싶은 심정이었다. 그때 내 머릿속에 생각나는 사람은 오직 엄마뿐이었기에 공중전화로 집에 전화를 했지만 엄마의 "여보세요"라는 음성에 아무 말도 할 수가 없었다. 엄마는 "○○니? 맞지, 엄마 딸 맞지? ○○야, 어디니? 엄마가 데리러 갈게"라고 하셨고, 나는 흐느껴 울다가 결국 아무 말도 하지 못한 채 끊어버렸다.

늘어가는 빚

어느 정도 밑이 나아갈 즈음 밀린 돈을 받으러 가게를 찾아갔다. 그런데 정말 말도 안 되는 소리를 들었다. 내가 아파서 결근한다고 통보까지 했지만, 그동안 결근한 날만큼의 빚이 올라가 있었다. 난 너무 억울하고 원통했다. 정말 이제는 내 인생이 여기서 끝나는구나, 앞으로 어떻게 살아가야 할지 눈앞이 깜깜했고, 내가 이렇게 어둠 속에서 살다가 죽는구나, 라는 생각 등 오만 이상한 생각들이 내 머릿속에서 실타래처럼 엉켜 있었다. 난 빚에 대한 서류에 도장을 찍을 수밖에 없었고, 그 빚으로 인해 이제는 조금의 반항도 하지 못하게 된 처지였다.

2차를 나가면 자기 성기를 내 항문에 넣는 사람도 있었고, 해놓고 안 했다고 우기는 사람, 사정을 할 것 같으면 바로 빼버리고 조금 있다가 다시 하는 사람, 밤새도록 괴롭히는 사람, 때리는 사람은 예사였고 욕하는 사람도 있었고, 한 번 하고 또 하고 또 하는 사람들도 있었다. 나는 완전히 개만도 못한 존재가 되어버렸다. 이렇게 열심히 정말 죽을힘을 다해서 일을 함에도 불구하고 빚은 점점 늘어만 가고, 그렇다고 내가 비싼 옷을 사 입은 것도 아니고 명품에 미친 여자도 아닌데 말이다.

결국 난 술로 인해 위뿐만 아니라 속이 엉망진창이 되었고, 병원에서 입원을 하라고 해서 몇 번의 거부 끝에 어쩔 수 없이 입원을 했다. 하지만 입원해 있으면서도 내가 가게에 출근을 안 함으로써 내 빚은 점점 늘어났고 결국은 900만 원이라는 빚이 더 생기게 되었다. 정말 나로서는 미칠 노릇이었다. 이렇게 아프고 비참하게 자꾸 어둡고 습한 곳으로 나를 밀어내는 사람들이, 내가 빚은 늘고 몸은 쇠약해져 가니까 ○○으로 팔아넘기듯이 보내버린 것이다. 태어나서 ○○이라는 곳을 처음 와본지라 조금은 두려웠고, 이제는 빚이 감당이 되지 않을 정도로 불어났기 때문에 시키는 대로 군말 없이 해야 하는 현실이 된 것이다.

일을 하면서 2차를 한 번 나갔다 오는 것도 힘이 들어 완전히 파김치가 되는데 억지로 또 나가야 했다. 난 또다시 두 번째 2차를 마치고 가게로 들어갔더니 세상에 내가 무슨 철인도 아닌데, 두 번이나 나갔다와서 밑은 퉁퉁 붓고 쓰라리는데 아랑곳하지 않고 세 번째 2차를 나가게 되었다. 더욱더 기가 막힌 건 "이 손님은 아침까지 같이 있다가 출근시켜 드려라. 잘 모시고, 잘해 드려라"라는 말까지 들었다는 것이다. 내가 무슨 노예도 아닌데 말이다. 아니다, 노예인 것이다. 빚이라는 족쇄를 찬, 남자들의 성기를 즐겁게 해주는 임무를 가진 노예…….

　하지만 난 결국 아침까지 있어 주지는 못하고 새벽에 나와 버렸다. 술을 많이 먹어서 속도 아프고 밑은 말할 것도 없이 쓰라리다 못해 따갑고 아팠다. 다음날 출근을 했는데 마담이 잠깐 얘기 좀 하자고 했다. 무슨 일인지 대충 짐작은 했지만 내용은 이랬다. "너, 어제 마지막 손님 아침 출근도 안 시켜주고 그냥 가버렸다며?" 난, "카운터에 모닝콜 해 드렸는데요, 그리고 속도 아프고 밑에도 따갑고 해서 있다 있다 못 견디겠어서 숙소로 들어갔어요"라고 했다. 마담은 "그 손님 출근 안 해줬다고 2차비 못 주겠단다. 니가 알아서 해라"라고 말하고는 나가 버렸다. 도대체 내가 뭘 알아서 해야 하고 뭘 잘못했는지도 모르겠고, 너무 억울하고 복받친 나머지 여기 ○○에서는 도저히 못 있겠다는 결정을 내리고는 한 달 되는 날, 엄마가 아프시다는 핑계를 대고 부산으로 내려왔다. 며칠 있다가 일자리 구하는 대로 돈을 넣겠다고 전화를 하고 부산에 내려오자마자 산부인과 치료를 받았다. 그리고는 다른 가게 일자리를 알아보고 다닌 지 2주 정도 지났을 때였다. ○○에서 알던 마담에게 전화가 온 것이다. 내용인즉, "언니가 이제 부산에서 일을 할 것인데 같이 일하지 않겠느냐"는 제안이었다. 나는 "생각 좀 해볼 게요"라는 말을 하고 전화를 끊었다.

그러고는 며칠 뒤, 마담에게 다시 전화가 왔는데 "전주가 아가씨들 얼굴을 보고 돈 해준다는데 ○○야, 언니 밑에서 일할 거지? 그럴 거면 그냥 얼른 챙겨서 광안리로 나와라. 다 와서 전화해라"라는 말에 '그래, 어차피 일자리도 안 구해지고 ○○에서는 돈 넣으라고 전화 오는데, 잘 됐다, 일하면서 다른 데 알아보자'라고 생각했다. 하루빨리 돈을 벌어서 빚을 까고 일을 그만두자, 라는 생각에 그러겠다고, 나가겠다고 하고 광안리로 갔다. 광안리에는 전주와 마담, 새끼마담, 다른 아가씨들이 있었고 내가 도착했다. 전주는 신원조회를 해보고 돈을 풀겠다며 내 민증 번호와 이름을 어디에 전화를 해서 불러줬고, 조금 후에 전주의 핸드폰에 전화가 와서 우리가 대출, 카드값이 얼마나 밀려 있는지까지 알아내었다. 전화를 끊고 이런저런 얘기를 하고는, 그럼 일단 자기가 소개시켜준 가게에 가서 일을 하고 있으라고 했다.

며칠 후 우리가 그 가게에서 일을 한 지 2주 정도 지났을 때 선불금을 해주기로 했고, 전부 법원 앞으로 나갔다. 나는 보증인 한 명을 데리고 오라고 해서 중학교 때부터 친구였던 ○○를 데리고 나갔다. 보증인은 2명이어야 하는데 한 명은 친구가 쓰고 한 명은 아가씨들이 도망 못 가게 맞보증을 선다는 것이다. 그렇게 공증을 받고서는 1400만 원을 받았고, 바로 마담한테 주면서 ○○에 넣어주라고 했고 나머지 돈은 마담이 ○

○에 잘 말하겠다고 했다. 그래서 나는 안심하고 일을 한 달 정도 하고 결산을 보는데, 이번 달에도 남는 건 없었다. 다행히도 빚지는 않았다.

며칠 뒤 전주가 가게를 찾아왔고 아가씨들을 전부 불러 놓고 "그래, 열심히 하고 있냐"고 하면서 아가씨 한 명 한 명씩 지목하면서 장부에 적힌 금액을 보면서 "너는 열심히 하면 금방 갚겠다. 너는 좀더 열심히 해야겠다. 너는 남들보다 2차를 더 많이 나가야겠다"라는 말을 하고 돌아갔다. 여기서 더 이상 얼마나 열심히 해야 하는지 아직까지 감이 잡히지가 않았다. 이렇게 열심히 일을 하는데도 빚은 줄지 않고 그 달에는 현상 유지만 해도 잘한 것이었다. 내 몸을 학대해가면서 돈을 벌었지만 내가 쓴 것도 없이 불어난 빚, 정말 진절머리가 날 대로 나 있었다.

그러면서도 내 딴에는 열심히 한다고 하고 있었는데 ○○에서 나머지 돈을 빨리 넣으라고 전화가 왔다는 것이다. 마담이 일수라도 써서 일부라도 갚자고 하여 다음날 일수 아저씨를 만나서 일수를 땡겼고, 그 돈도 마담이 전해주겠다고 해서 주었는데, 나중에서야 알게 된 것인데 그 돈을 ○○에 전해주지도 않고 마담이 써버렸다는 것이다. 자기가 갚겠다고는 했지만, 기분도 나빴고 내 발에 불붙었는데 너무한다는 생각이 들었다. 그렇다고 해서 뭐라 할 수 있는 것도 아니었다. 내 처지가 그렇다. 알겠다며, 언니가 그럼 ○○에 얘기 좀 잘해달라고 했고, 언니는 걱정 말고 일이나 열심히 하라고 해서 걱정 없이 일만 열심히 해서 빚을 까야겠다는 생각밖에 없었다.

그런데 며칠 뒤 마담언니가 안 되겠다고, 니가 ○○에 가서 사장님한테 말미를 좀 달라고 잘 얘기하고 오라고 해서 다음날 ○○을 가려고 하는데 기분이 왠지 찝찝해서 같이 일을 하고 있는 언니보고 같이 갔다 오자고 부탁을 해서 언니의 차를 타고 ○○에 갔다. 사장님과 얘기를 하는데 말미를 줄 수 없다면서, 다시 여기서 일을 해서 갚든지 아니면 지금 돈을 내놓고 가든지 아니면 여기서 못 나간다고 했다.

갑자기 무서워졌다. 사장은 갑자기 어디론가 전화를 하면서 "이년, 어디 팔아넘길 데 없냐"라는 말을 했다. 사람 미칠 지경이었다. 난 마담언니한테 전화를 했지만 마담언니는 잘 얘기하고 내려오라는 말만 하고 전화를 끊었다. 그 순간 머릿속에서 이상한 생각들이 마구 스쳐 지나가는 것이다. 그렇게 사장님하고 실랑이한 지 좀 지났을 때 "그러면 같이 온 니가 보증 서주고 보름 있다가 갚기로 해라"라는 사장님 말에 나는 언니한테 간절히 부탁을 했다. 다행히 언니도 나랑 같이 일을 하고 있었기에 해주겠다고 했다. 난 너무 고마웠고, 그때서야 안도의 한숨을 쉬었다. 정말이지 그 순간에는 숨이 막혀서 미칠 지경이었다. 서류에 사인을 하고 부산으로 내려왔고, 보증 서준 언니와 같이 살게 되었다. 일을 하면서도 ○○ 일이 계속 걱정이 되었고 이자도 걱정이 되었다. 그런 찰나에 마담언니는 지출도 잘 해주지 않았다. 어느 날 가게를 옮기자는 마담언니의 말에 우리는 왜 옮기냐는 말을 했고, 마담은 "여기는 결제가 잘 내려오지 않는다"고 했다. 또다시 며칠을 쉬면서 생활은 더욱더 빈곤해져 갈 때, "○○으로 일을 하러 가자, 새로 오픈한단다"는 마담의 전화가 왔다.

다시 엄마에게

방세도 밀리고 전기세도 밀리고 생활은 완전 개판이었다. 오픈하는 가게라고 갔더니 며칠 동안은 테이블 발도 잘 받고 괜찮다는 생각을 했지만 그것이 아니었다. 오픈 때라 바쁘니까 그런 것이었고 조금 지나니까 여사장님은 차별을 하는 것이었다. 옷도 잘 입고 예쁜 아가씨들을 먼저 넣어주고, 그것도 모자라서 그 아가씨들이 마치고 놀고 있으면 테이블 구경도 못한 아가씨들도 있는데 옷 잘 입은 아가씨를 다시 다른 테이블에 넣는 것이었다. 전에부터 홀복을 잘 입어야 테이블 넣어주고 했지만 이건 너무한다는 생각이 들었다. 그러면서 공치는 날이 많아졌고 이러다가 빚만 더 늘겠다는 생각에 다른 일자리를 알아보기로 했다. 하지만 일자리가 쉽게 구해지지 않았고 계속 쉴 수는 없어서 일자리를 알아보면서 보도를 나갔다. 그것이 점점 시간이 흐르면서 갑자기 두려움과 무서움이 내 몸을 휘감아 왔다.

방세를 못 내서 이제는 주인집에서 보증도 없고 하니까 밀린 방세를 내든지 아니면 방을 빼라고 하면서 뺄 것 같으면 월요일까지 빼라는 것이었다. 이제는 있을 곳도 없어지고 나보고 죽으라는 소리보다 더 무서운 현실이었다. 앞이 깜깜하고 희망이라는 말이 떠오르지가 않았다. 갑갑한 나머지 보증을 서준 친구를 찾아갔는데, 친구도 이사를 가버린 것이었다. 전화를 했더니 어디로 오라고 해서 친구를 만나 친구 집으로 갔다. 난 너무 서러운 나머지 울음을 터뜨렸고, 친구에게 이런저런 일이 있어서 이젠 어떡해야 할지 모르겠다고 하자 친구는 그럼 방 빼고 자기랑 같이 있자고 했다. 난 조금은 다행이었다. 그래도 있을 곳이라도 생겨서 말이다.

그래서 일요일에 이사를 했고, 친구랑 같이 있으면서 친구가 있는 가게에 일하러 갔지만 이상하게 무섭다는 생각이 들었다. 혹시 그 사람들이 날 잡으러 다니는 것은 아닐까, 날 잡으면 정말 어디 섬에 팔아넘기는 것은 아닐까, 이 사람들이 날 마구 때려서 불구를 만들지는 않을까 하는 생각에 시달리면서 집 밖으로 잘 나가지도 못하고 지냈다. 전부터 엄마한테 전화를 했다 끊고 했지만 이번에는 전화를 해서 엄마라도 불러야겠다는 마음으로 전화를 걸었지만 차마 입이 떨어지지 않았다. 그러기를 몇 번을 했을까. 한 날 친구가 "술 한잔하자"라고 해서 술을 마셨고, 술을 먹으면 용감해지는지 엄마한테 전화를 걸어 "엄마……"라고 말을 하고 울어버렸다. 엄마는 "○○야, 어디니, 엄마가 데리러 갈게. 어디야? 지금 집으로 올 수 있어? 없으면 엄마가 데리러 갈게. 엄마가 너만 돌아오면 모든 걸 용서하고 덮어둘게. ○○야, 어디야?"라고 하셨다. 난 너무 많이 울어서 "엄마, 내가 나중에 다시 전화할게"라는 말을 하고 끊었다. 정신을 차려보려고 했지만 그동안 서럽고 힘들었던 일들로 서러움이 복받쳐 울음이 멈추지 않았다. 그렇게 얼마나 울었는지 난 그대로 잠이 들었다.

일어나 보니 얼굴은 퉁퉁 부었고 머릿속에는 내가 어제 엄마한테 전화한 내용이 이리저리 생각났다. 엄마한테 전화를 다시 해야 하는지 아니면 말아야 하는지, 내가 이런 처지로 있다는 사실이 내 자신이 용납이 안 되고 엄마한테 너무 부끄러운 일이었기에 고민이 되었다. 전부터 계속 엄마가 너무 많이 보고 싶었고 그리웠지만 어떻게 해야 할지 모를 일이었고 오빠가 어떻게 생각할지도 겁이 났다. 하지만 오빠보다 더 무섭고 겁나는 것은 전주, 마담, ○○ 사장이었기에 나는 다시 전화를 들고 엄마한테 전화를 걸었다. 엄마는 "○○야, 집으로 와. 엄마한테 와라. 올 수 없으면 엄마가 데리러 갈까?" 하시는 것이었다. 나는 "엄마, 내가 갈게요. 지금 갈게요"라고 하고 집으로 향했다.

엄마는 골목 앞에까지 나오셨고 내 손을 꼭 잡으시고 집으로 들어갔다. 엄마가 이것저것 물어보시는데 난 눈물만 흘렸다. 이런 나의 모습을 보면서 엄마는 "엄마는 괜찮아. 엄마는 다 용서할 수 있어, 얘기해봐"라고 하셨다. 난 엄마의 목소리를 듣고는 그때서야 여태까지 어떤 일들이 있었는지 솔직하게 털어놓았다. 다음날 엄마를 친구랑 지내는 집으로 모시고 가서 보여드리면서 "엄마, 나 아직까지는 여기서 지내고 싶어"라고 말을 했더니 "왜? 엄마랑 지내기 싫어?" "엄마, 그런 것이 아니라 엄마가 알다시피 내가 벌여놓은 일이 많으니까 그 일들 정리되면 들어가고 싶어서" "그래, 그럼 그동안 오빠 도와주면서 방법을 찾아보자"라고 말씀해주셨다. 오빠랑 일한 지 얼마 지났을 때 엄마가 "술집 다니던 아가씨들 상담해주는 데가 있다던데 한번 알아보고 찾아가보자"라고 하셔서 내가 찾아보았지만 찾을 수가 없어 오빠한테 부탁을 했다.

오빠가 알아낸 여성단체에서 성매매피해여성지원상담소 '살림'이라는 곳을 소개시켜주셔서 다음날 '살림'을 찾아가서 여태까지 있었던 얘기를 했더니 "너무 걱정 마세요. 저희가 도와드릴게요"라고 말씀하면서 도움의 손길을 내밀어주시기에 난 그 손을 잡았다. 그러고는 다음날 쉼터에 입소하기로 해서 저녁에 짐을 챙기면서 울었더니 엄마는 "○○야, 괜찮을 거야. 가면 좋은 분들이 우리 ○○ 도와주시고 보살펴주실 거고, 엄마랑 맨날 연락하면 되잖아. 울지 마"라고 해서 조금은 안심이 되었지만 잠은 오질 않았다.

쉼터 입소와 사건 처리

다음날 쉼터에 입소를 했는데 낯선 사람, 낯선 환경에 적응을 잘 할 수가 없었지만 마음은 편안했는지 잠이 한없이 쏟아졌다. 편안한 마음으로 며칠을 쉬었을까, 내게 기소중지가 내려 있었기에 자술서를 써서 경찰서로 갔다. 난 너무 무서웠고 이루 말할 수 없는 심정으로 있는 그대로를 경찰에게 이야기했고, 경찰은 며칟날 다시 오라고, 그때는 마담하고 대질해야겠다고 했다. 더욱더 무서운 두려움으로 몸을 벌벌 떨었고 담당 선생님은 "마담이 무슨 짓 못할 거예요. 너무 떨지 마요"라고 했지만 무섭고 두려운 건 어쩔 수 없었고 그날 밤에도 잠을 제대로 이루지 못했다.

시간은 흐르고 경찰서에 가는 날이었다. 담당 선생님 대신에 쉼터 원장님과 경찰서를 찾았고, 경찰서에서 마담과 같이 조사를 받고 나오는데 경찰서 앞에서 전주가 기다리고 있었다. 무서움을 감추지 못하고 고개를 숙이고 원장님 손을 꼭 잡은 채 걸어가는데, 전주가 나를 불러 세워서는 "돈 어떻게 갚을 건데!"라고 다짜고짜 물었다. 나는 그에 대한 대답을 못했고, 원장님이 전주와 얘기를 하면서 언성까지 높아지고 나는 갑자기 눈앞과 머리가 컴컴해져서 아무것도 보이지 않았고 아무것도 생각이 나질 않았다. 원장님께서 무슨 말을 했을까 갑자기 부랴부랴 택시를 잡아타고 수십 미터 근처의 어느 학교 운동장으로 들어갔다. 전주들이 따라올까봐 운동장에서 조금 있다가 쉼터로 들어가기 위해서였다.

이렇게 해서 기소중지를 풀었고, 이제 남은 한 가지는 진술서를 써서 ○○지방경찰청에 가야 하는 일이었다. 난 진술서를 쓰면서 마음이 아팠고 너무 힘들어서 몸살도 앓았다. 완성한 진술서와 증거인 장부를 들고 ○○지방경찰청을 원장님과 찾아갔다. 그 당시 목이 너무 아파서 목소리조차 나오지 않았고 물어보는 질문에 제대로 대답을 못하는 날 보고는 형사님이 "며칠 있다가 다시 와요, 몸조리 좀 하고요"라고 하셨다. 앞전에 갔던 경찰서와는 너무도 다르다는 걸 알 수 있었다. 그래서 마음이 편안해서인지 목은 빨리 나아갔고 그렇게 몸을 추스르고 나는 형사님을 다시 찾아가 조사를 받았다. 얼마나 화려한 과거인지 조사 시간이 많이 걸렸고, 형사님과 점심을 먹고 계속 진술을 해도 마무리를 다 못해서 며칠 후에 다시 만나서 정리를 하기로 했다. 난 조금 가벼운 마음으로 쉼터를 향할 수 있었다.

그날은 일찍 샤워를 하고 잠을 청했다. 나는 다음날 아침 일찍 눈을 떴고 아침식사를 조금 챙겨먹고 진술서를 다시 정리하기 시작했다. 여태까지 지내온 일들을 다시 머리에서 꺼내놓고 생각하는 것이, 마치 내 머리에 못을 하나씩 박는 고통만큼 힘든 일이었다. 하지만 앞으로의 남은 내 인생을 밝힐 수 있는 등불이 되는 기초 작업이라 생각하며 힘을 내어 진술서를 정리하고 반성했다. 며칠 뒤 정리를 마친 진술서를 들고 경찰청으로 가 마무리를 하고 나서는 형사님이 "이제 기다리기만 하면 돼요. 힘들었던 만큼 좋은 결과 있을 거예요, 수고했어요"라는 말을 하셔서 너무 고맙고 감사의 마음이 들었다. 나를 위해서 수고하시고 도와주신 많은 분들에게 앞으로 열심히 사는 모습으로 보답해야겠다, 라는 생각과 마음가짐으로 경찰청을 나섰다.

나는 사건 결과를 기다리는 동안 쉼터에서 사이코드라마, 미술치료 등의 프로그램과 자원봉사를 열심히 해나갔고 사람들과도 더욱더 친하게 지내고 있던 중 사건이 잘 해결됐다는 소식을 들었다. 너무 기쁘고 감사해서 나도 모르게 그동안의 서러움 때문에 눈물이 났다. 원장님과 같이 지내는 언니들, 동생들에게 축하 인사를 받고, 난 엄마에게 전화를 걸어 기쁜 소식을 전했다. 엄마도 너무나도 기뻐하셨고, 오빠도 축하한다고 했다. 그렇게 기쁜 날을 보내고 얼마 뒤 담당 선생님의 "앞으로 뭐 하고 싶은 거 없어요?"라는 말에 난 고등학교 졸업을 못한 것이 마음에 걸린다고 하니 "그러면 검정고시 치면 돼요"라고 하셔서 희망과 용기를 가질 수 있었고 사무실 사람들과 원장님 도움으로 검정고시 학원을 다니게 되었다.

그런데 정말 최선을 다해서 열심히 학원을 다니고 있는데 나를 힘들게 하는 일이 생겼다. 그것은 바로 윤락행위를 했다고 나에게 백만 원이라는 벌금이 날라 온 것이었다. 정말이지 하늘도 무심하시지 이제부터 열심히 살아보려고 발버둥치는 나에게 벌금 백만 원이라니……. 내가 직장을 다니는 것도 아니고 그렇다고 집이 잘 사는 것도 아닌데 그 큰 돈이 어디에 있다고 백만 원씩이나 내라고 하시는지, 정말 주저앉고 싶은 심정이었다. 내가 지금 가진 것이라고는 아무것도 없는데 백만 원이라니. 내 시중에 단돈 만 원, 아니 천 원도 귀한 형편에 백만 원이라니. 방법을 찾지 못하고 있는데 상담소에서 전화가 왔다. 내일쯤에 사무실에 들르라는 것이다. 다음날 사무실을 찾았는데 변호사를 선임해주시겠다는 것이었다. 이건 바로 희망의 끈인 것이다. 변호사를 만났고 여태까지 내가 어떻게 해서 빚을 졌고 어떻게 나왔으며 어떻게 여기까지 오게 되었는지에 대해서 이야기를 털어놓았다.

이야기를 털어놓고서는 쉼터로 돌아왔지만 걱정스러워 이런 생각, 저런 생각을 하다가 문득 편지가 생각난 것이다. 변호사를 선임하자는 소리를 듣고 판사님에게 편지를 써놓은 것을 여태까지 잊고 있었던 것이다. 어차피 며칠 있다 변호사 사무실에 가야 하기에 편지를 예쁜 편지지에 옮겨 적고 변호사 사무실에 갈 날만 기다렸다. 며칠 뒤 변호사 사무실에 간 나는 판사님에게 쓴 편지라고 변호사님에게 주었더니 "제가 전달해드릴게요"라고 하시고는 "재판 날짜가 잡혔어요. ○월 ○○일이에요. 그날 한 30분 일찍 사무실로 와서 같이 가도록 해요"라고 말씀하셨다. 난 내 자신에게 '잘될 거야, 앞으로 더욱더 열심히 살라고 선처해주실 거야. 걱정하지 말자'라고 주문을 걸었지만 사실상 재판을 해본 적도 없고 법원 안에는 들어가 본 적도 없는 나로서는 사지가 떨릴 수밖에 없었다. 또한 그 사람들을 다시 봐야 한다는 것이 정말 미칠 지경이었다.

재판 날짜가 다가올수록 바싹 긴장이 되고 잠을 이루어도 꿈에서 그 사람들이 날 괴롭혔다. 차라리 빨리 해치워버리고 싶은 마음이 굴뚝같았다. 이러한 마음으로 어느새 시간은 흐르고 드디어 재판 날이 다가왔다. 아무리 재판 날이라고 해도 일단은 학원수업 1시간이라도 듣기 위해서 학원을 갔지만 귀에 들어오는 것은 아무것도 없었다. 밥도 목으로 넘어가질 않아서 아침밥도 먹지 못했고 전날 밤 잠도 설쳐서 눈 밑에는 다크서클이 거무스름하게 생긴 것이 꼭 '죽을 날짜 받아놓은 사람 같다'라는 표현이 딱이었다. 변호사 사무실 앞에서 선생님을 만나 변호사 사무실로 올라갔고, 거기서 물을 얼마나 마셨는지 화장실도 자꾸 가고 싶었다.

시간이 되어서 변호사님, 선생님, 그리고 나는 법원으로 가기 위해 사무실을 나섰다. 드디어 재판은 시작되었고 내 차례가 돌아왔다. 앞으로 나가 서는데 왜 이렇게 눈시울이 뜨겁고 눈물은 왜 이렇게 자꾸 흐르는지. 재판을 하는 동안 계속해서 우는 날 본 판사님도 놀라서 어찌할 줄을 몰라 하셨다. 얼마의 질문과 대답을 했을까, 마지막으로 하고 싶은 얘기 있으면 하라는 소리에 "판사님, 정말 죄송합니다. 앞으로 열심히 살겠습니다"라고 울먹이는 소리로 얘기를 했고, 판결은 며칠 있다 ○월 ○○일에 내리겠다는 소리와 함께 내려와 법원을 나왔다.

내가 무슨 말을 했으며 무슨 질문을 들었는지에 대해서는 생각조차 나지 않았고 단지 한숨만 나왔다. 그러고는 배고픔을 느꼈다. 선생님과 나는 법원 앞 어느 식당에 들어가 정신없이 밥을 한 공기 해치워버리고 재판 얘기를 하는데 선생님은 "○○씨 잘했어요. 정말 잘했어요"라고 말씀을 해주셨다. 나는 아무런 걱정하지 말자, 검정고시만 생각하기로 마음을 먹고 학원만 열심히 다니고 있던 중 판결 날짜가 다가왔다. 아침 일찍 판결을 받으러 난 또다시 법원 입구를 통과하면서 '좋은 결과 있을 거야'라고 굳게 마음을 다졌지만 막상 다시 앞에 서니 눈물은 또다시 흘렀다. 결과는 벌금을 안 내도 된다는 판결을 받았다.

나는 눈물을 훔치며 '앞으로 더욱더 열심히 살자. 이번 한 번 만에 검정고시에 합격하자. 파이팅!'이라고 마음속으로 외쳤다. 이제 앞으로 민사소송만 하면 나의 전쟁은 끝이고, 민사소송에는 내가 직접 가질 않아도 된다고 해서 그 사람들을 다시 안 봐도 된다는 것에 마음이 놓였다.

내 인생의 나무 심기

아무튼 이후 더욱더 학원에 충실히 다닐 수 있었고, 드디어 4월 5일 검정고시 시험날이 다가왔다. 아침 일찍 시험장으로 가면서 이런 생각을 했다. 사람들은 산으로 들로 나무를 심으러 가고, 난 내 마음, 내 인생의 나무를 심으러 가는 날이 되었네, 라고 생각하면서 입가에 미소가 지어지는 것이 왠지 예감이 좋았다. 교실을 확인하고 내 자리를 찾아 앉았는데 이것이 웬일인지 여태까지 배운 것이 아무것도 생각이 나질 않고 머릿속이 하얘졌다. 예감은 좋았지만 왠지 찜찜했고, 시험지를 봤는데 생각이 나질 않았다. 하지만 문제를 한 문제, 한 문제씩 읽어 내려가는데 신기하게도 하나씩 하나씩 머릿속에 떠올라서 자신감도 솟았다.

이렇게 4교시 시험까지 치르고 점심시간이 되었고, 나는 같이 시험 치는 언니랑 운동장 벤치에 앉아 도시락을 까먹으면서 이런저런 얘기를 하다 보니 학창시절이 그리워졌다. 그렇게 점심을 먹고 다시 5교시 ~8교시까지 시험을 치고 나왔다. 왠지 모르는 서운함과 다시 치면 더 잘 칠 수 있을 것 같다는 생각이 들었다. 합격자 발표는 5월 4일이지만 너무 궁금했다. 합격해야만 수능학원에 다니면서 내가 정말 바라는 무용학원도 다시 열심히 다닐 수 있기 때문에 나는 시험 칠 때 적어 나온 답을 집에 와서 인터넷으로 찾아 점수를 매겼다. 결과는, 합격이었다. 너무 기분이 좋아 날아갈 것 같았고, 모든 사람들이 축하를 해주었다.

이제 이번 주는 푹 쉬고 다음 주 월요일부터는 수능학원에 다닐 것이다. 지금 현재 수능 공부를 열심히 하고 있고, 또한 무용도 열심히, 정말 나의 꿈인 무용수이자 학원 선생이 되는 것에 한걸음 한걸음 나아가 여태까지 너무 많이 도와주신 분들에게 실망시켜 드리는 일이 없도록 내가 할 수 있는 한 열심히 할 것이다. 탈성매매 여성들의 본보기가 되도록 열심히 살아가야 하는 것이 이제는 나의 임무이다. 민사소송은 업주들과 마담이 합의하자는 제의가 들어와 합의하는 쪽으로 진행중이다.

여태까지 많은 도움을 주신 분들에게 정말 앞으로 내 몸을 더럽히지

않고 다시 태어난 마음으로 실망시키는 일을 하지 않도록 노력하여 정
말 활짝 핀 꽃으로 보답하겠다고 다짐합니다.

성매매 피해여성들 힘내세요.

우리도 얼마든지 잘 살 수 있다는 모습을 보여줍시다.

따뜻한 손으로 잡아주세요

대학교 입학하는 거 축하해요. 향후 5년의 계획을 세운다면?

음, 일단 첫 번째 목적은 새로운 친구들 사귀는 것. 이제 정말 필
요한 친구들을 사귀는 것. 내가 친구가 없기 때문에 친구들을 많
이 사귀고 싶고 무용도 열심히 하고 공부도 열심히 해서 4년제에
편입하는 것. 편입해서 본격적으로 무용공부 열심히 하는 것. 그
리고 학교 다니면서 살사 동호회 들어가서 살사 열심히 해서 한국
프로로 인정받는 것.

만약에 새로 사귄 친구가 성매매 여성이라든가 성매매에 대해서 안 좋은 인식을 가
지고 있을 때, 혹은 같은 학교 친구들이 업소에 나가는 것을 본다면 어떨 것 같아요?

그냥 혀 찰 것 같아요. 쯔쯔쯔…… 니가 잘 모르는구나. 그러면 분명히 그 친구가 그러겠죠. "내가 뭘 몰라? 나도 뉴스도 보고 다 들은 얘기가 있는데" 그러면 나는 이러겠죠. "그러면 나랑 어디 좀 같이 갈래?" 하고 아마 자원봉사 시키러 이리로 데리고 올 것 같아요. 왜냐면 백 마디 말보다 한 번 실천해보는 게 자기한테 더 와 닿을 테니까요. 그래서 그 애가 생각이 바뀐다면 좋은 거고, 그래서 정말 긍정적으로 바뀐다면 내 얘기도 할 수 있을 것 같아요. "나도 그랬었어"라고. 나도 그랬는데, '살림' 만나서 용기도 갖고 나도 너랑 똑같이 이렇게 무용도 하고 너랑 똑같이 이렇게 생활한다고.

언니는 업소생활하면서 다른 사회 경험이 거의 없다고도 볼 수 있잖아요? 근데 지금은 학원도 다니고 쉼터에서도 일종의 사회생활을 하고 있는 건데, 뭐가 제일 힘들어요? 사회생활을 하는 면에서 자신이 좀 다르다고 느끼는 부분 있어요?

많아요. 지식이 부족해요. 어떤 사람하고 대화할 때 상대방이 내가 모르는 말을 하면서 말을 유창하게 하는데 나는 그런 말도 모르고 그냥 있는 그대로 이야기를 하니까. 솔직히 지식도 부족하고 정보에도 좀 늦고. '만학도'라는 말도 솔직히 이번에 처음 알았고, 상식에서도 떨어지는 게 많아요. 쉼터 애들끼리 있을 때는 잘 못 느끼는데, 밖에 나와서 아는 사람 만나고 하면 차이가 많이 나요.

그럴 때 괴로워요?

괴롭진 않아요. 요즘에는 "모를 수도 있지. 니는 다 아나" 이러면서 떳떳하게 "뭔데?" 하고 물어봐요. 솔직히 전에는 안 그랬지. 모르는 것 이야기하면 그냥 "그렇구나" 하면 반은 가니까. 요즘에는 "그게 뭔데?" 그래요. 알려고 노력해요.

'살림' 만나고 나서 재밌었던 에피소드나 웃지 못할 사연 그런 거 있어요?

특별한 에피소드는 없고, 제일 기억나는 건 사이코드라마한 거랑 위안부 할머니한테 갔던 거. '나눔의 집'에 캠프 가서 위안부 할머니 만나서 많이 울었죠. 할머니 이야기 들으면서 가슴으로 눈물을 많이 흘렸죠. 어찌 보면 가해한 사람만 다를 뿐이지 똑같은 입장이라고 보니까. 가슴이 아파요.

마지막으로 '살림'이나 언니 글을 읽는 사람들에게나, 쉼터 식구들에게나, 정부에게나 하고 싶은 이야기 있어요?

정부에게는 솔직히 할 얘기가 돈밖에 없겠죠. 지원 좀 많이 해줬으면 좋겠고. 하려고 하는 사람들에게는 턱없이 부족한 지원이니까 많은 지원과 관심을 줬으면 좋겠어요.

'살림'에게는?

지금처럼만. 그리고 회식 좀 하자! 아, 그리고 쉼터 직원 좀더 뽑아주고, 하하.

쉼터 식구들한테는?

희망을 가졌으면 좋겠어요. 저도 다른 사람들보다 쉼터 사람들한테 본보기가 되려고 더 노력하고 있거든요. 다들 자기가 원하는 거, 하고 싶은 거 빨리 찾아서 열심히 했으면 좋겠고, 제발 좀 건강했으면 좋겠고.

언니 글을 읽는 독자들에게는?

만약에 주위에 탈성매매 여성이 있다면 정말 따뜻한 손으로 잡아
주는 게 정말 엄청난 힘이 되니까 회피하지 말고 손만이라도 잡아
줬으면 좋겠어요. 또, 우리가 아무리 그런 직업을 가졌던 여성이
라 해도 똑같은 여성이라고 생각해줬음 좋겠어요. 자기들은 깨끗
하고 우리는 더럽다는 생각을 버렸으면 좋겠어요. 우린 절대 더러
운 몸이 아니고 어떻게 하다 보니까 그런 길로 빠진 것뿐이지 마
음만은 정말 순수하다는 거.

평범한 사람들 속에서

나는 지금 대학이라는 곳을 가기 위한 준비를 하고 있다. 그중에 내가 이 글을 쓰면서 하는 일은 아르바이트인데, 정말 많고 많은 아르바이트 중에서 내가 선택한 일은 액세서리 판매이다. 보통 사람들은 옷이나 신발, 가방 등의 물건을 살 때는 정말 필요해서, 혹은 쓰던 것이 너무 낡고 해져서, 유행 때문에 사는 경우가 많지만 액세서리, 핀은 지나가다가 큐빅이, 보석들이 반짝이며 날 봐달라고 빛을 내는 것에 빠져들어서 사는 경우가 많다. 물론, 액세서리도 유행은 있다.

여기에는 많은 사람들이 드나든다. 연인들, 엄마와 딸, 여자들, 남자들, 외국 사람 등 정말 다양한 색깔을 가지고 있는 사람들이 오고 간다. 각자의 스타일, 취향이 다른 사람들을 상대하면서 날 웃게 해주는 손님이 있는가 하면 짜증나게 하는 사람들도 있다. 오늘은 유모차에 아이를 태우고 다니는 어머님들이 많은 편이었다. 난 어머님들에게 액세서리를 팔기보다는 아이의 얼굴을 한 번 더 보게 된다. 뭐라고 할까, 아직 때묻지 않은 미소. 뭐가 그리도 좋은지 자꾸 짓는 미소가 나의 눈을 자극시켜 눈길을 뗄 수 없게 만든다고 해야 하나.

가게를 마감하고, 셔틀버스를 타기 위해 정문으로 나가면 정말 많은 직원들……. 이런 많은 직원들 사이에서 생활하는 나. 누군가 나에게 그랬다. 대학, 대학은 아무나 가나. 대학 가서 또 그런 데 나갈 거 아니냐. 하지만, 난 이렇게 평범한 사람들 속에서 목이 말라가며 열심히 일하고, 한 푼 한 푼 아껴가며 저녁은 도시락으로 때우고 음료수 하나 제대로 사먹지 않고 아끼고 아껴가면서 살아가고 있다. 이렇게 악착같이 열심히 살려고 하는 나에게 더 이상의 비난은 나 자신 스스로가 용서가 되질 않는다. 더 이상의 비난을 받지 않으려면, 그만큼 나 자신 스스로에게 채찍질을 하면서 더 열심히 살아야 한다는 것도 알고 있다.

샤인님을 처음 만난 날을 잊을 수 없습니다. 샤인님은 입에 귀를 갖다 대어야 겨우 들리는 목소리로 차분하게 자신의 경험을 이야기해주었습니다. 그날 함께 밥을 먹었는데, 그 이야기들이, 상담원의 질문이 너무 힘이 들어서 체했다고 했습니다. 이렇게 여린 사람이 그렇게 험한 곳에서 어떻게 견뎌냈나 생각하면 가슴이 너무 아픕니다. 가해자들과의 2년여에 걸친 끊임없는 싸움 속에서 꿋꿋이 버텨낸 샤인님은 이제 피해자가 아니라 생존자이며 승리자입니다.

콩쥐;

1977년 부산, 평범한 가정집 막내딸로 태어나 부산에서 살고 있다. 현재 쉼터에서 생활하면서 간병인 자격은 땄지만 몸이 좋지 않아 잠시 휴식하고 있다. 그래서 나는 쉼터에서 쉬는 동안 좋아하는 요리를 동생들에게 자주 해준다. 지금 생각해보면 간병사보다는 요리해주는 게 내 적성에 맞는 것 같다. 그래서 나는 현재 요리학원을 알아보고 있는 중이다. 나는 요리사라는 내 꿈에 충실할 것이다. 도와주신 분들에게 감사하다. 내가 선택한 나의 직업은 너무 깊이 생각한 만큼 이 길로 열심히 밀고 나갈 것이다. 아무리 어려워도 이겨낼 것이다. 나는 그런 용기를 배웠다. 나는 이제 행복을 느끼며 살고 있다. 스스로 행복을 만들면서 살아갈 것이다.

나는 꽃피울 수 있다

다방, 공장, 소개소……

우리 엄마는 내가 중학교 1학년 때 재혼을 하셨다. 새아버지는 어릴 때부터 엄마가 없으면 구박을 심하게 하셨다. 나는 아직까지 친아버지의 얼굴을 본 적이 없어서 아버지의 얼굴이 많이 그립다. 새아빠는 괜한 것 하나, 사소한 것 하나에도 구박을 하셨다. 만약 내가 새아빠의 친자식이었어도 그렇게까지 구박을 하셨을까? 어떨 때는 많이 무섭기도 했다. 그래서 나는 중학교 2학년 때 집을 나오게 되었다. 새아빠 때문에 집에 들어가는 것도 싫었다. 아마 그래서 내가 집을 싫어하게 됐는지도 모른다. 집을 나와서 나는 무작정 부산역으로 갔다. 대전에 친구가 있었는데 생각나는 친구가 그 친구밖에 없어서 일단 대전 가는 기차를 타고 친구에게로 갔다. 친구 집에 도착해 나를 걱정할 엄마에게 먼저 전화를 해주었다. 엄마는 걱정이 이만저만이 아니었다. 항상 내 걱정만 하시다가 흰 머리가 하나 둘 늘어가는 엄마의 모습을 보면 정말 죄송하다는 말밖에 생각나지 않는다. 엄마는 전업주부이시다. 항상 언니보다 내 걱정을 먼저 해주시는 엄마였다. 언니는 사회생활을 잘해 항상 남보다 먼저였으니, 엄마는 믿음직하다고 별 걱정하지 않으셨나 보다.

나는 대전 친구 집에 있다가 친구가 일하러 간다기에 구경할 겸 충북 ○○이라는 곳에 따라갔다. 다방이었다. 친구는 일을 하면서 번 돈으로 먹고 싶은 것 다 사 먹고 사고 싶은 것 다 사고 살았다. 그런 친구의 모습이 부러워 그 일에 빠져들었나 보다. 친구의 유혹보다는 돈의 유혹을 뿌리치지 못했다. 월급 180만 원에 첫 다방생활을 했고, 조금 하다 보니 빚도 없어졌다. 지겨워지기 시작했다.

다방 일을 그만두고 나는 다시 대전으로 갔다. 아는 분의 소개로 대전의 한 공장에서 일을 하게 되었다. 처음에는 방직공장이라 적응을 못 했는데 개월 수가 늘어 갈수록 돈 버는 것에 재미를 느끼게 되었다. 그일을 하면서 돈을 잘 벌었지만 3교대라 잠도 잘 못 자고 많이 힘이 들었다. 공장에 일을 하면서 사내 학교를 다녔고, 겨우 중고등학교를 졸업했다. 졸업을 하고 나는 퇴사를 했다. 퇴사를 하고 나니 배운 것이라고는 다방 일뿐이라 다시 다방에 들어가게 되었다. 다방에서 일을 하면서 알게 된 친구가 남자를 소개시켜줬다. 그 남자의 첫 인상은 너무도 좋았다. 그래서 2년 동안 동거를 했다. 한참 철모를 때에 남자와 동거라는 것을 했지만 2년이란 시간이 지나면서 지겨워지기 시작했고, 결국 헤어졌다. 그리고 다시 다방에 들어갔고, 어느 날 우연찮게 소개소에 배달을 갔다가 소개쟁이의 사탕발린 말에 넘어가 소개소를 타게 되었다.

24살 되던 해 300만 원 정도 빚이 생겼고, 경북 ○○에 있는 다방으로 들어갔다. 미성년자 때부터 일을 했던 터라 배달하는 데에는 별 문제가 없었다. 하지만 티켓이라는 단어는 나를 암흑 속에 갇히게 했다. 처음 같이 일하는 언니와 단란주점에 시간을 나갔는데, 그 언니는 손님들이 자기 가슴을 만지고 다리를 쓰다듬어도 표정 하나 변하지 않고 싫은 내색 한 번 하지 않았다. 그래야만 팁을 받을 수 있었기 때문이다. 나 역시 돈을 벌기 위해 그렇게 해야 했고, 그렇게 해야 하는 것이 당연한 건 줄 알았다. 언니는 손님들이 많이 짓궂을 때마다 나를 감싸주었고, 난 그런 언니가 고마웠다.

술을 많이 먹은 날이면 다음날은 당연히 제시간에 출근을 하지 못했고, 늦은 만큼 내 돈으로 시간비를 메꾸다 보니 내 빚은 하루하루 늘어만 갔다. 그게 빚인 줄 알지만, 그렇게 하면 빚을 갚을 수 없다는 걸 잘 알고 있었지만, 그게 마음먹은 대로 잘 되지 않았다. 아가씨들의 텃세 또한 심했다. 너무 힘이 들어 소개소에 전화를 하면 소개쟁이는 "뭐 그만한 일로 그러냐"고, "그렇게 그만두면 세상을 어떻게 살아갈 거냐"고 오히려 나를 나무랐다. 힘이 들었던 나는 가게에 시간을 나간다고 하고 여관에 이틀 정도 있었다. 갑자기 한 언니가 한 말이 생각이 났다. 나는 그 언니에게 전화를 했다. 내 사정을 들은 언니는 전화를 끊고 한 시간 후에 소개쟁이 한 명과 함께 나를 데리러 왔다. 소개쟁이와 얘기를 하고 나는 일하던 다방에 가서 계산을 보았다.

처음에 300이었던 빚이 400이 되어 있었다. 두 달 만에 100만 원이라는 돈이 얹어져 있었다. 나는 그 다방을 나와 소개소에 갔고, 소개쟁이는 날 보고 ○○도에 가보지 않겠냐고 물었다. 섬이라는 말에 놀랐고 망설였다. 소개쟁이는 딱 3개월만 일을 하고 오라 했고, 나는 알았다고 했다. 다음날 나는 소개쟁이와 ○○도 업주를 만나러 갔는데 업주들이 너무 무서웠다. 산만한 덩치에 인상도 좋지 않았고 성격도 그다지 좋은 편이 아닌 것 같았기 때문이다. 여자 업주와 하루를 자고 다음날 900만 원이라는 돈을 선불로 받았다. 전 가게에 400만 원을 주고 이곳저곳 빌린 곳에 갚고 화장품, 옷 등 여러 가지 생필품을 사니 900만 원이라는 큰 돈도 우습게 사라져 버렸다. 5시쯤 배를 타고 ○○도에 들어갔다.

꿈도 꿀 수 없었던 도망

도착했을 땐 저녁 8시쯤이었다. 생각보다 아담한 동네였다. 도착하자마자 짐을 풀었고, 업주는 바로 일을 시켰다. 3시간 정도 배를 타고 왔기에 피곤했지만 어쩔 수 없이 일을 했다. 커피 배달을 하다가 손님들이 술 한 잔 먹고 가라고 해서 첫 배달에 시간을 했다. 가게에 전화를 했고, 한 시간만 있다가 간다고 하니 업주는 다짜고짜 12시까지 있다가 오라는 것이었다. 너무 당황했고, 처음 본 손님에게 어떻게 그렇게 말하냐고 했다. 우연인지 다행인지 손님들이 나에게 6만 원을 주는 것이었다. 알고 보니 주인은 아가씨들 시간만 보내고 가게 문을 닫고 집에 들어가 버린다는 것이었다. 그것을 알고 손님들이 나를 챙겨준 것이었다.

시간이 지나면서 업주는 틈만 나면 나한테 뚱뚱하다 그러면서 다이어트 약을 먹였다. 너무 스트레스 받았다. 그 약 때문에 술을 한 잔만 먹어도 비몽사몽 정신을 못 차렸다. 그래서 손님들에게 업혀 오는 날도 참 많았다. 빚이라는 것 때문에 이렇게 비참해져야 하는 내 모습에 화가 나기도 했다. 나는 그곳에서 한 아가씨가 도망갔다가 잡혀오는 것을 보았다. 업주에게 맞고 거의 실신상태에 이른 그 아가씨의 모습을 보고 나에게 '도망'이란 글자는 꿈도 꿀 수 없는 단어가 되어버렸다. 3개월 후 나는 그곳을 그만두게 되었고 천만 원이란 빚이 나를 괴롭게 했다.

배를 타고 ○○에 도착하니 소개쟁이가 나를 기다리고 있었다. 3개월 동안 빚을 까기는커녕 더 지고 나와서 소개쟁이를 볼 자신이 없었다. 소개쟁이는 나를 보자 "며칠 쉬고 또 일해야지?" 하는 것이었다. 며칠 후 다시 소개쟁이를 만났다. 나에게 부산에 가서 일해보지 않겠냐고 했다. 어차피 빚도 많으니 다른 곳에서 받아주지 않는다고. 처음에는 많이 망설였다. 내가 부산이 집이어서 아는 사람을 만날까봐 겁이 났던 것이다. 소개쟁이는 구석에 있는 집이라 괜찮다고 나를 안심시켰다. 그래서 나는 할 수 없이 소개쟁이의 말을 믿고 부산에 있는 완월동이라는 집창촌에 가게 되었다. 맨 구석이라지만 가게가 너무 허술했다. 가게 앞까지 갔는데 나까이 이모가 옷가방에 소금을 뿌리는 것이었다. 참 기분이 좋지 않았다. 내가 과연 적응을 할 수 있을까 생각하며 옷가방을 풀고 있는데 주인이 나를 불렀다. 그 가게의 규칙을 알려주려는 것이었다.

규칙은······ 　1. 방값은 한달에 250만 원

　　　　　　2. 미용비 15만 원, 세탁비 15만 원

　　　　　　3. 미스방에 관한 것은 별도

　　　　　　4. 손님 음료 별도 준비 등등등

버는 것보다 나가는 게 더 많은 것이었다. 첫날에 손님을 받았는데 아침부터 술 먹은 고주망태를 넣어주는 것이었다. 신경질이 났지만 꾹 참았다. 5만 원에 손님과 관계를 가졌고, 잠을 잔 후 화장을 하고 미스방으로 내려왔다. 나를 처음 본 아가씨들은 말들이 많았다. 짜증이 났다. 그런 식으로 반복되는 일상에 손님은 그리 많지도 않았다. 그렇게 보름을 일했고, 여기서 이렇게 일하다가는 빚을 까기보다 더 질 거라는 생각을 했다. 결국 한 달을 일하고 포주와 소개소에 갔다. 소개소에 도착하고 주인이 내뱉은 말에 너무 어이가 없었다. 얘는 싸가지가 없다는 둥, 손님을 넣어주면 다 보낸다는 둥 그런 말도 안 되는 소리들을 늘어놓는 것이었다. 욕이라도 퍼부어주고 싶었다. 나는 소개쟁이에게 얘기를 하고 엄마도 볼 겸 친구들도 만날 겸 부산으로 갔다. 집에서 며칠을 쉬고 다시 소개소에 갔다. 소개쟁이는 날 보고 전라도 ○○에 일하러 가라고 했고, 어떤 일이냐고 물으니 여관발이라고 했다. 한 번도 해보지 않은 일이라 걱정도 됐지만, ○○가 좋다는 주위 사람들의 말에 간다고 했다. 얼마 후 ○○에 갔다. 그 주인 역시 ○○도 업주들과 다를 바 없는 인상들이었다.

그곳 일은 집에 전화가 와서 "어디로 보내주세요" 하면 기사 오빠가 아가씨들을 태우고 여관, 모텔 등에 가서 먼 거리면 5만 원에, 가까운 거리면 2만 원에 손님들과 관계를 가지는 것이었다. 이게 말로만 듣던 여관발이구나 싶었다. 가게에는 아가씨가 총 15명이었다. 그중 내가 탄 소개소에서 온 아가씨가 나까지 4명이었다. 그래도 같은 소개소 타는 아가씨와 일을 한다는 것이 맘이 놓였다. 한 날은 일하다가 손님에게 아무 이유 없이 맞은 적도 있다. 같이 대들고 욕을 했다. 마침 여관주인과 기사 삼촌이 내가 내려오지 않는다고 방에 올라왔다. 말려서 싸움은 더 이상 커지지 않았고 그 여관은 약간의 피해를 입었다.

집으로 왔고, 다른 주인들 같으면 손님과 싸운다고 뭐라 할 것을 이 주인은 나를 위로해주었다. 일 못하는 것보다 얼굴에 상처 남을까봐 그걸 걱정해주는 것이다. 기사 삼촌들도 나에게 잘해주었다. 그 후로 나는 손님들이 아무리 맘에 들지 않아도 내 빚을 까기 위해 열심히 일을 했다. 마음대로 되지 않을 때는 짜증도 났지만 하루 31만 원이라는 일수를 찍기 위해 힘든 일도 참았다. 그렇게 5개월 동안 일을 했는데 단속이 떠서 몇몇 아가씨들과 일을 그만두어야 했다. 그동안 200만 원이라는 돈을 갚았고, 800만 원이라는 빚이 남겨졌다.

잠시 일을 쉬고 있는데 소개쟁이가 완월동에 다시 가면 안 되겠냐고 했다. 이유인즉, 같은 소개소를 타고 완월동에 일을 갔던 아가씨가 도망을 쳤는데, 소개소에서 빚을 충당하지 못하여 나보고 대타로 가라는 것이었다. 마침 일을 하지 않고 있는 아가씨가 나밖에 없어서 나는 다시 예전의 그 완월동 구석에 있는 가게에 가게 되었다. 한숨이 나왔다. 다시 갔을 때도 나까이 이모는 소금을 뿌렸다. 몇 달 동안 아가씨들도 바뀌어 있었다. 원래는 250만 원이었던 방값이 내가 버는 만큼의 반으로 바뀌어 있었다. 만약 내가 100만 원을 벌면 50, 50씩 나누어 가졌고, 내가 받은 50만 원에서 미스방, 나까이비 등 모든 것을 해결해야 했다. 그때와 똑같이 손님 받는 것도 싫었다. 그 집에 다시 가 일을 하면서 손님과 싸우기도 많이 싸웠고 주인의 이중적인 모습에 서러워 울기도 많이 울었다.

일을 한 지 8개월 만에 '성매매특별법'이라는 법이 생겨 장사하기가 많이 어려워졌다. '살림'이라는 성매매 상담소에서 사람들이 오는 경우도 있었다. 오는 손님들도 가슴 조이며 받아야 했는데, 주인은 예전과 같이 아가씨들에 대한 배려라고는 눈곱만큼도 해주지 않았다. 손님들이 많이 줄고 장사를 못하고, 그렇게 달이 끝나고 계산을 볼 때쯤이면 주인은 한숨부터 내쉬었다. 한 날은 주인과 나까이 이모의 감금과 감시가 너무 심해 어찌할 바를 몰랐다. 시간이 갈수록 답답해져만 갔다. 성매매특별법이 생기고 난 후, '살림'에서 완월동 아가씨들이 법 생기고 난 후 일을 하지 못했다고 한 달에 생계비를 60만 원씩 지원해준다고 했다.(사회복지공동모금회의 긴급생계비 지원을 뜻함 — 엮은이)

처음에는 돈을 왜 주는지 궁금했다. 의심도 됐다. 그날 저녁 남자 사장이 나까이 이모에게 '살림'에서 온 사람들을 가게에 들여보냈다고 화를 버럭 내는 것이었다. "애들에게 무슨 일 있으면 당신이 책임질 수 있느냐"고 다그치는데, 나까이 이모는 "일은 무슨 일. 그냥 아무 이유 없이 주는 돈이라"고 그러는데 이모는 이모대로 사장은 사장대로 속상해했다. 그렇게 며칠 있다 가게 언니, 동생들과 '살림'에 찾아가서 돈을 받았다. 업주는 그때부터 지출을 해주지 않았고 나는 '살림'에서 받은 돈으로 생계비를 썼다. 가면 갈수록 장사가 되지 않았고 소개소에 전화를 했다. 소개쟁이에게, 장사가 워낙 안 되어 일을 하지 못하겠으니 나 가게 해달라고 하니까 소개쟁이는 "너도 알다시피 지금 나와도 갈 곳이 없다"고 하였다. 내가 "나가고 싶은데요" 하니까 일단 남자 사장과 통화를 해본다고 했다. 나는 남자 사장과 통화 하지 말라고, 내가 먼저 도망을 가겠다고 했다. 소개쟁이는 알았다고 했고, 전화를 끊었다.

그날 밤 나는 업주에게 뜻밖의 말을 들었다. 남자 사장이 아가씨들을 다른 곳으로 보낸다고 했다. 처음에 그게 무슨 말인지 몰랐는데, 방에 가서 생각해보니 내가 소개쟁이에게 전화를 했던 일이 생각났다. 소개쟁이가 업주에게 내가 그만둔다는 말을 한 것이 분명했다. 그렇지 않고서야 그런 말을 했을 업주가 아니다. 남자 사장은 나를 불렀고, 광주 소개소를 타라고 했다. 이미 ○○에 있는 다방에 일을 맞추어놓은 것이었다. 그땐 기분이 정말 나빴다.

같이 있던 언니는 올 봄까지만 있겠다고 말하라고 했다. 나는 업주에게 그렇게 말했고, 업주는 그렇게 하라고 말을 했다. 그러면서 나는 한 달 반 동안 심한 감시를 받았다. 슈퍼도 혼자 가지 못했다. 그렇게 철저

한 감금 상태였다. 나를 믿지 못하는 업주를 보고 나는 도망이 가고 싶어졌다. 그리고 도망가기로 마음먹었다. 언니들이 "인제 앞으로 어떻게 할래"라고 물었다. 나는 언니들에게조차 아무 말을 할 수가 없었다. 그렇게 내가 마음을 먹었을 땐 언니들도 믿을 수 없었기 때문이다.

택시를 타고 완월동을 탈출하다

2005년 1월 10일 월요일, 손님을 보내고 검진소에 가서 검진을 받고 사랑니 때문에 남자 사장과 밖에 있는 치과에 갔다. 치과 근처에 쌀집이 있었는데, 남자 사장은 쌀집 사장과 친해서 치과를 갔다가 쌀집에 들러 커피를 한 잔 마시고 간다는 것이었다. 나를 보고 혼자 들어가라고 했고, 나는 이때다 싶어 잽싸게 뛰었다. 이상하게 그날따라 유난히도 택시가 잡히지 않았다. 결국 택시를 잡아타고 차 안에서 어디를 가야 할지 몰라 한참을 생각한 후 마침 생각나는 곳이 부산역. 기사 아저씨에게 부산역으로 가자고 했고, 가장 좋은 여관에 내려 달라고 했는데 제일 허름한 여관에 내려주는 것이었다. 여관에서 30~40분 정도 숨을 돌리고 가지고 있던 '살림' 명함을 보고 전화를 했다. 나의 담당 선생님이 전화를 받았다. 도망쳐서 부산역 근처 여관에 있다고, 도와달라고 울부짖었다. 전화를 끊고 한참을 떨고 있는데 선생님이 오셨다. 한편으로 무섭기도 했지만, 너무 기뻐 안도의 한숨을 내쉬었다. 선생님은 나에게 물을 한 잔 떠주면서 긴장을 풀어주었다. 이런저런 얘기하면서 나에게 "왜 나왔냐"고 물었다. 하루가 다르게 심해지는 감시와 감금이 힘들었다고 대답

했다. 선생님은 잘 왔다고 나를 반겼고, 여기 이러고 있지 말고 쉼터로 가자고 했다.

처음에는 망설였지만 간다고 했고, 선생님은 쉼터에 갈 때까지 많은 조언을 해주셨다. 쉼터에 가서 내가 잘할 수 있을까 걱정도 됐지만 마음이 뿌듯했다. 쉼터에 도착하니 너무도 많은 식구들이 나를 반겨주었다. 기분이 좋았다. 조금 있으니 원장님도 오셨다. 원장님께서 마음 하나하나 신경 써주시는 게 너무 감사했다. 마음이 가볍긴 했지만 그 사람들이 혹시나 나를 찾아올까 싶어 불안하기도 했고 잠도 설쳤다. 일주일 후 업주와의 싸움에서 승리를 했고, 가게에 있는 나의 짐도 가지고 왔다.

이제는 내가 하고 싶은 일을 잘할 수 있을 것 같다고 생각하던 중, 같이 있는 동생이 사회복지관에서 간병인을 구한다면서 나를 추천하는 것이었다. 망설였다. 하지만 남을 돕는다는 것은 참 보람되고 좋은 일이라는 생각을 하게 됐고, 사회복지관에 이력서를 넣었지만 나보다 더 일이 급한 사람들이 있어서 나는 그 일을 하지 못했다. 나는 간병인 자격증을 따기 위해 6월부터 학원을 다닐 거다. 지금은 상담소에서 시행하는 여러 가지 교육을 받고 있다. 난 내가 하고자 하는 일을 위해 최선을 다할 것이다. 내가 남들에게 받은 만큼 돌려줄 것이고, 내가 최선을 다한 만큼 남들에게 본보기가 되는 사람이 되고 싶다.

아유, 또 눈물 나온다

인터뷰에 응해주셔서 너무 감사해요. 언니 허락 없이 언니 글을 읽어봤어요.

　　별로. 괜찮아.

허락 없이 읽어봐서 너무 미안하고, 읽어보면서 느낀 게, 내가 모르는 언니 이야기가

참 많았구나라는 생각에 미안하기두 하고 언니한테 왜 이런 것들을 진작에 물어보지

못하고 언니가 얘기하지 못했을까 하는 생각이 들어서 내가 참 미안하더라.

　　미안할 게 뭐 있어요.

왜 울려고 그래요?

　　나, 이 얘기 하려면 또 눈물 나온다.

어우, 울어도 돼요. 내가 오늘 언니 울리네. 업소에서 나올 때, 도망 나올 때 언니 나

름대로 힘든 상황이었는데, 그때 심정에 대해서 얘기해줄래요?

98

감금이라는 게, 딴 사람들처럼 나도 편안하게 그냥 외출하게 해주고 하면 되는데 그게 안 되니까 나 나름대로 힘들었어요. 친구들이 여기 '살림'이라는 데를 권유했지만 내 딴에는 "여기서 노력하면 900이라는 빚을 못 까겠어?" 그러고 말았거든요. 근데 가면 갈수록 감금이 너무 심해지고 어디 갈 때마다 따라다니고 하는 게 너무 싫었어요. 언니들이 나한테 "너 어떡할래?" 그렇게 물어보는 것도 그 사람 자체가 믿을 수 없는 거예요. 주인하고 한통속인 것 같아서. 그래서 내가 도망갈려고 작정을 했어요. 치과 갔다가 뛰어오는데, 주인이 따라올까봐 두근두근거리고 그랬어요. 그날따라 택시는 왜 그렇게 안 잡히는지.

쉼터생활은 어땠어요?

쉼터생활은 처음에는 여러 동료들이 있다는 게 기분이 좋았고요, 좋으면서도 한편으로는 사람들 관계에서 스트레스를 좀 많이 받았어요. 몇 달 동안을 쉼터에서만 살았잖아요. 아무 일도 아닌데 괜히 스트레스 받고 괜한 것에 막 짜증도 나고 그랬는데, 요즘은 그냥 모든 것을 훌훌 털어버리고 너는 지껄여라 나는 떠든다 이런 식으로 편안하게 생활하고 있어요.

일종의 자서전인데, 글쓰기 힘들지 않았어요?

처음엔 남한테 이런 걸 보여준다는 거 자체가 좀 많이 껄끄러웠고, 사람들이 손가락질하지 않을까 그것도 참 두렵고 그랬어요. 지금은 뭐, 이왕 책을 내기로 했으니까 많은 사람들이 읽어줬으면 좋겠어요. 성매매 여성들도 다 같은 사람인데, 편견을 좀 버렸으면 좋겠어요. 이 사람들도 애초부터 성매매를 하려고 한 것도 아니고, 단지 돈을 벌고 싶어서 한 사람도 있을 테고, 남자를 잘못 만나가지고 하게 된 사람도 있을 거고, 사정이 다 다를 거예요. 성매매 여성이라고 해서 색안경 끼고 보지 말았으면 좋겠어요.

엄마에게

　엄마, 나 ○○야. 놀랬지. 한 번도 엄마에게 편지를 적어본 적이 없는 내가, 엄마한테 편지를 적어요. 여태껏 엄마에게 딸로서 잘한 것보다 못한 것이 너무 많이 생각나요.

　엄마, 제가 태어나면서부터 엄마에게 걱정만 끼쳐드리는 나쁜 딸이었던 것 같아요. 제가 중2 때 엄마가 재혼한다고 했을 때 전 사춘기였고, 어린 마음에 엄마한테 투정도 많이 부리고 말썽만 부린 것 같아서 정말 죄송해요. 딸로서 엄마의 앞길을 축복해주어야 되는데, 그때는 철이 덜 들어서 그랬던 것 같아요. 이제는 제가 그때보다 성숙해져서 엄마의 마음을 조금은 이해할 것 같아요. 그때 철없던 시절은 버리고 이제는 제가 새로운 삶을 살려고 해요. 엄마, 제가 여기 쉼터에 오면서 '간병'이라는 것도 배웠어요. 제가 간병인 자격증을 따보면서 실습이라는 것도 나가보니까 가족의 소중함을 이제 깨달아요.

　엄마, 이제는 저에게 미안함은 그만 가지시고, 두 분 행복하세요. 매일 엄마하고 전화통화도 하지만, 같이 살아야 하는데 그렇게 못하니까 한편으로는 속상하면서도 엄마가 저를 많이 이해해주시니까 너무 감사해요. 여기 쉼터에 있으면서 제가 하고 싶은 일을 찾았어요. 내 손으로 만든 음식들을 먹이면 다른 사람들의 입과 내 마음이 뿌듯하면서 즐거워요. 그래서 제가 이 길로 나아가려고 하는데 엄마, 제가 힘들면 격려의 말과 응원도 많이 해주실 거죠. 그래서 성공하면 엄마한테 효도도 해드리고 싶어요.

엄마가 저에게 해주셨던 말이 생각나요. 남에게 베풀 줄 아는 사람이 되어야 한다. 제가 아직 거기까진 생각도 못하지만, 많이 부족한 것 같아요. 그래도 엄마, 옆에서 저 응원 많이 해주실 거죠. 항상 엄마는 언니 걱정보다는 제 걱정이 먼저였지요. 그래도 항상 우리 옆에 엄마가 계셔서 얼마나 좋은지 몰라요. 이제는 제 걱정, 언니 걱정 그만하시고 행복하세요. 엄마 옆에 항상 ○○가 있잖아요. 이제는 두 분 행복하세요.

엄마 편지 이만 쓸게요.

엄마의 이쁜 딸 올림

콩쥐언니는 주말이면 쉼터에서 우렁각시가 됩니다. 다들 늦잠을 자고 있는 동안 함께 사는 가족들을 위해 찌개를 끓이고 전을 부칩니다. 언니의 음식을 먹는 것은 언제나 행운이며 행복입니다. 지금은 어깨 너머로 배운 요리를 넘어서, 전문적인 요리를 배우기 위해 열심히 학원을 다니고 있답니다. 언니들에게 지원되는 창업에 대한 꿈도 꾸고 있답니다.

깔미;

1985년 경남 ○○에서 태어나 지금은 부산 쉼터에서 생활하고 있다. 몇 년간의 험난하고 절망적이었던 생활들은 털어버리고 새로운 모습과 새로운 마음으로 공부에 전념하고 있다. 2005년 8월 중학교 졸업 검정고시를 합격하고 지금은 네일아트와 고등학교 졸업 검정고시를 준비 중이다. 두 가지의 공부를 한 번에 해야 한다니 머리는 무겁지만, 마음은 한없이 가볍다. 처음 이 글을 쓸 때에는 내심 남들이 나의 이야기를 본다고 생각하니 부끄럽고 수치스러웠다. 하지만 지금은 전혀 그렇지 않다. 지금은 누구보다 긍정적이고 남을 배려할 줄 아는 마음을 가졌다. 내 꿈을 위해 노력하는 내 모습이 나는 자랑스럽다.

언제는 제가 눈에 보이긴 했었나요

열 살짜리의 가출

열 살 되던 해에 처음 가출을 했다. 그때 당시 경북 친아버지와 새어머니 그리고 친오빠와 함께 살았다. 아홉 살 되던 해에 부모님이 이혼을 하시고 나는 친아버지와 함께 살게 되었고, 열 살이 되었을 때 아버지가 데려온 여자와 살게 되었고, 그 여자가 지금의 나의 새어머니다. 새어머니가 처음 왔을 때에는 낯설고 싫었다. 친엄마를 두고도 다른 여자에게 '엄마'라고 불러야 한다는 게 무척이나 싫었다. 그래서 그 계기로 가출을 하게 되었다.

아직 친엄마의 사랑을 받아야 할 나이였지만, 나는 엄마의 사랑을 다 받지 못했다. 가출을 하면 밥을 굶기 일쑤였고 항상 길거리를 헤매고 다녔다. 아마도 그때부터 방황을 하게 된 거 같다. 가출하면 아버지에게 잡혀가고, 또 맞고 가출하고 그런 상황이 반복되었다.

새엄마는 날 많이 미워했다. 그렇다고 처음부터 그랬던 건 아니다. 처음에는 잘해주었다. 맛있는 과자도 많이 사주었고, 항상 웃어주었다. 언제부터 새엄마가 날 미워했는지는 나도 잘 모르겠다. 아마 열 살쯤부터 그랬던 거 같다. 학교 갔다가 집에 바로 오지 않는다는 것부터 시작해서 이유는 여러 가지였다.

그때부터 새엄마는 내가 학교 갔다가 마칠 시간에 한 시간이라도 늦으면 걸레를 주면서 방을 스무 번씩 닦으라고 했다. 그때마다 나는 아무 말 못하고 청소를 했다. 난 단지 새엄마가 벌을 주는구나, 라고 생각하고 있었을 뿐이었다. 그런데 시간이 가면 갈수록 새엄마의 벌은 정도가 심해졌다. 처음엔 청소, 그리고 옷 벗겨서 밖에 세워두는 것. 이게 전부가 아니다. 거의 일 년 내내 맞는 건 당연한 일이었다. 단소로 맞고 대나무 막대기로 맞고…….

그런데 그보다 더 내게 상처가 되었던 것은, 날 외면한 아빠다. 자기 자식이, 하나뿐인 딸이 그렇게 아프게 맞고 있는데도 불구하고 단 한 번도 말려주지 않았던 아빠가 난 더 원망스러울 뿐이었다. 그때 내 나이 열 살, 그때부터 난 가출을 했다. 열 살에 가출이라면 놀라울 일이지만 난 그렇게 생각 안 한다. 어느 누구였더라도 그 매질에 밖으로 뛰쳐나가지 않을 사람은 없을 거라고 생각한다.

새엄마는 밥도 주지 않았다. 작은방에 날 들여놓고 밖에서 문을 걸어 잠그고 나오지 못하게 했다. 7일씩 밥 굶는 건 일쑤였고, 영양실조에 걸리거나 맞아서 쓰러진 적이 한두 번이 아니다. 그랬기 때문에 가출을 했다. 밖으로 나가면 밥 먹여줄 사람은 없지만 때리는 사람 역시 없었으니까. 그것만으로도 충분히 좋았다. 난 빌라 옥상 같은 곳에서 잤다. 춥고 배고팠지만 집보다는 억만 배로 따뜻하고, 억만 배로 편안했다.

4년 만에 친엄마를 만나다

가출하고, 잡혀가고, 맞고, 굶고, 그런 생활이 1년 동안 지속된 듯싶다. 힘들었고, 친엄마가 그리웠다. 아주 잠시 동안은 날 버린 것을 원망하고 미워했지만, 새엄마와 지낸 생활이 너무 힘들어서였는지 그런 원망과 미움은 사라진 지 오래였다. 그냥 그리울 뿐이었다. 그래서 열한 살쯤 되었을 때 친엄마를 찾으러 가기 위해 새엄마의 지갑 속에서 4만 원을 꺼내어 버스를 타고 부산에 갔다. 외할머니 댁을 찾아갔더니, 이사를 안 가시고 그대로 살고 계셨다. 거기서 4년 만에 친엄마를 만났다.

나는 지금까지의 일들을 친엄마에게 말했고, 엄마는 같이 살자고 하셨다. 그때는 엄마도 이미 재혼을 하여 새아버지란 사람과의 사이에 아이를 임신하고 있는 중이었다. 엄마에게 미안했다. 원망도 했다. 날 버리고 가놓고, 무책임하게 가놓고 다른 아저씨의 아이를 임신하고 있다는 게……. 한편으로는 엄마가 너무 불쌍했다. 엄마 또한 많이 힘들었을 거라는 걸 나도 알고 있었다. 여자 혼자의 힘으로 살아가기는 엄마도 너무 벅찼을 테니까.

부산의 엄마 집에서 학교를 다니며 지냈다. 그 학교에서 ○○이라는 친구를 만났다. 그때부터 담배, 술에 손을 댔다. 엄마와 새아버지도 나 때문에 싸우기 일쑤였다. 친구를 때려 경찰서도 여러 번 갔고, 가출해서 엄마에게 잡혀온 것도 한두 번이 아니었다. 새아빠는 그런 나를 항상 다독거리고 이해도 해주셨다. 그러던 어느 날, 수십 번의 가출과 나쁜 짓을 계속하던 때에 새아빠는 내 머리칼을 잘랐다. 나는 "친아빠도 아니면서 무슨 이유로 내 머리를 자르냐"고 대들었다.

그래도 참 잘해주셨는데, 그때는 그런 깊은 생각을 할 만큼 내 마음이, 내 머리가 멀쩡하지 않았다. 친엄마, 친아버지의 배신으로 내 마음은 많은 상처를 입었고, 그런 나는 남을 배려하는 것과 이해하고 사랑해주는 마음을 다 잃어버렸다. 그래서 나는, 그래도 나를 이해해주고, 나와 마음이 맞는 친구를 따라 다방이라는 빠져나올 수 없는 그런 곳에 발을 들이게 되었다. 처음에는 부산 ○○의 다방으로 갔다. 주인 언니가 옷도 사주고 화장품도 사주었다. 기분이 좋았다. 새 옷과 새 화장품을 가진 게 좋아서였을까? 싫진 않았다.

아빠와 비슷한 나이로 보이는 아저씨들과 이야기하고 또 그 아저씨들이 가슴을 만지고 해도 괜찮았다. 그때까지만은……. 거기서 보름을 있었다. 주인 언니가 다른 곳으로 가라고 했다. 영문도 모르고 다른 곳의 다방을 갔다. 거기 사장은 다방을 두 개 한다고 했다. 숙소에는 큰 방 하나에 열 몇 명의 언니들과 같이 생활했다. 그때 내 나이가 열세 살이었다. 너무 어려서 그런 걸까? 이게 나쁜 것인지, 좋은 일인지 알 수가 없었다. 그 다방에서는 지내는 것이 힘들었다. 언니들도 무서웠고, 사장님도 무서웠다. 일을 제대로 못한다고 욕을 하고 그랬다. 단지 욕하는 게 너무 싫었다. 그래서 친구들과 도망을 갔다.

집으로 가기 싫었지만 배고프고 잘 곳이 없어 집으로 갈 수밖에 없었다. 집으로 가도 내 마음은 항상 밖에 있었다. 그러다 시간은 흘러 중학교에 들어갔다. 중학교에서도 내 생활은 전혀 변하지 않았다. 더 했으면 더 했을 것이다. 중학교 2학년 들어가기 전쯤에 학교를 자퇴했다. 나는 가출을 하여 지나가는 아이들 돈을 뺏었고, 결국은 본드, 가스에도 손을 대었다. 그러다 결국은 소년원도 갔다. 그래도 나는 조금도 바뀌지 못했다. 시간이 지나서 열여섯 살이 되었다. 친구의 권유로 또다시 다방에 가게 되었다.

빠져나올 수 없는 늪

그곳은 ○○에 있는 다방이었다. 사장은 여자, 남자 두 명이었고, 우리에게 대뜸 돈 100만 원을 주었다. 사고 싶은 옷들과 화장품, 신발 등을 샀다. 여러 가지로 해서 백만 원이라는 돈을 다 쓰게 되었고, 일을 하게 되었다. 부산에서의 일과는 차원이 달랐다. 배달도 많았지만 손님들이 가슴을 만지는 건 기본이었고 성관계를 하자는 둥, 옷을 벗으라는 둥 성에 관련된 말로 나를 괴롭혔고, 힘들게 했다.

아침 8시부터 새벽 6시까지 술을 마시고 배달을 하고, 저녁 7시쯤이 되면 노래방이나 보내고, 그러다 새벽 늦게서야 잠들 수 있었다. 아침에 일어나 또 배달을 하고, 한 달을 그렇게 일했다. 사장이 계산을 하자고 나를 불러서는 내가 지금까지 쓴 돈과 번 돈을 계산하더니 나에게 말했다. 내가 가게에 150만 원을 줘야 한다고. 왜 그러냐고 물어보았다. 지각비, 결근비라고 했다. 황당했다. 한 달 동안 거의 잠도 못 자고 일했는데도 내가 줄 돈이 150만 원이나 있다는 게 어처구니없고 무서웠다. 그래서 나는 계속 일을 할 수밖에 없었다. 그 다음 달도, 다다음 달도 계속 돈을 받지 못했다. 그리고 6개월이 지났다.

6개월 동안의 일들은 진짜 악몽 같았다. 쉬지도 못했다. 함께 일하던 친구는 나를 두고 첫 달 일을 마치고 도망을 갔고, 찾을 수가 없었다. 찾고 싶지도 않았다. 어떤 마음이었는지 내가 제일 잘 알고 있었으니까. 조금의 원망과 배신감도 느꼈지만 찾으려고 하지 않았다. 6개월이 되었을 즈음에 나는 도망을 결심했고, 손님과 티켓을 나간다고 하고 부산으로 도망을 갔다.

부산에 와서도 마땅히 갈 곳이 없었다. 그래서 친구의 집에서 며칠을 잤다. 그리고 나는 다시 다방이라는 곳을 찾을 수밖에 없었다. 집에는 들어가기 싫었고, 잘 곳도, 먹여주는 곳도 없었다. 그렇다고 돈이 있는 것도 아니었고, 밖에서 무작정 있을 수도 없었다. 그래서 ○○에 있는 다방을 알게 되었고, 일을 하게 되었다. ○○에서는 선불을 받지 않았다. 그냥 30만 원을 가불로 받아서 옷 두세 벌과 신발 한 켤레를 샀다. 사장이 일을 그만두고 도망간 아가씨들의 옷을 주었고 나는 그것을 입고 일했다. 그 사장은 이전° 사장들보다 훨씬 나아 보였다. 그곳에서도 마찬가지로 저녁이 되면 노래방에 티켓을 가고 했지만, 쉴 수 있는 시간은 이전 다방보다 훨씬 많았다. 사람다운 대접도 받았던 거 같다.

나쁜 것이 있다면, 아저씨들과의 성관계였다. 사장이 아는 손님들과 연결을 시켜주면 그 사람들과 2차를 나가야 했다. 그게 정말 싫고 내 자신이 더럽고 닳아간다는 느낌에 하기 싫었지만 그 사장은 그런대로 날 많이 힘들게 하지는 않았다. 그리고 한 달이라는 시간이 흘렀고 사장은 며칠 쉬라며 휴가를 주었다. 월급은 이틀 뒤에 준다며 쉬고 있으라고 했다.

숙소에서 이틀을 지냈으나 사장은 연락을 주지 않았다. 받을 월급이 200만 원이 넘었다. 사장한테 가서 돈을 달라고 했다. 며칠만 더 기다리라며 10만 원을 주었고, 어쩔 수 없이 숙소로 돌아와 또 며칠을 기다렸지만 사장은 연락을 주지 않았다. 여러 번 가게로 찾아가 돈을 달라고 했지만, 주지 않았다. 그때부터 사장은 전화를 피하고 가게를 가도 막무가내로 기다리라고만 할 뿐 돈은 주지 않았다.

또 한 번 나는 사람에게 배신당하고 속았다. 내가 도대체 무슨 죄를 지어서 이런 힘든 일을 당하게 되는지 나 자신이 불쌍하고 또 싫었다. 비참하기도 했고 앞으로의 생활들이 막막할 뿐이었다. 다방이라는 곳에서 더 이상 일하기도 싫었고 생각하기도 싫었다. 그러나 다방이라는 곳은 나 같은 아이에게는 뿌리칠 수 없는 유혹이었다. 또한 들어갈 수는 있지만 빠져나올 수는 없는 곳이다. 빠져나오려고 허우적댈수록 늪처럼 더 깊이 빠질 수밖에 없는 곳……. 사람 같지도 않은 사장들은 힘들게 일한 대가조차 주지 않는 치사하고 더러운 인간들이었다.

그래서 나는 집으로 올 수밖에 없었다. 그동안 너무 지쳐 있었고, 쉴 곳이 너무도 간절하게 필요했기 때문에. 집에서의 생활도 그리 평탄하지 못했다. 고지식한 새아버지의 잔소리도 싫었고, 엄마의 간섭도 짜증만 났다. 평범하게 살고는 싶었지만, 평범하게 살기란 나란 사람에게는 너무도 힘들고 벅찼다. 그때는 너무도 어렸고 많이 지쳐 있던 탓인지 엄마가 나보다 더 힘들고 아파할 거라는 걸 미처 몰랐다. 그런 지겹고 짜증나는 일상들이 싫어서였을까, 또다시 나는 다방이라는 곳으로 발을 들이게 되었다.

어느덧 스물한 살이 되었다

또다시 비슷한 다방생활을 하였고, 어느덧 내 나이는 스물한 살이 되었다. 얼마 전에 나는 ○○에 다방 일을 하려고 간 적이 있다. 그곳의 사장은 겉으로 봐도 깡패라는 느낌이 들 만큼 험상궂게 생겼다. 나와 내 친구 한 명은 선불 80만 원을 받았고 3일 후에 일한다는 조건으로 계약을 하였다. 그리고 일하기로 한 전날에 ○○로 가게 되었고 사장은 우리에게 ○○으로 갈 것을 요구했다. 싫다고 했지만 욕을 하며 가라고 했다. 무서웠지만 갈 수밖에 없었다. 그 분위기가 무서웠고, 사장이 무서웠다.

친구와 나는 휴대폰과 지갑, 돈을 다 뺏겼다. ○○에서는 거의 감금과 감시를 당하면서 일을 하였다. 매일 저녁 가게 일을 마치면 셔터를 내리고 티켓을 나가라는 강요를 받았고, 시간을 나가지 않으면 밥을 주

지 않겠다며 개나 소 취급하듯이 하였다. "씨발년들"이라는 말은 일상
언어였다. 힘들었다. 화도 났고. 그러더니 시간비, 지각비 명목으로 30
만 원이 빚에 포함되었다. 그 부분에 대해서도 사장에게 뭐라 말을 할
수 없었다. 왜냐하면 사장이 무서운 사람이라는 것을 누구보다 더 잘 알
고 있었기 때문이다.

일주일이라는 시간을 그렇게 보내면서 도망가야겠다는 생각을 하였
다. 그곳에서 일하던 동생 두 명도 함께 도망을 가기로 하여 그 뒷날 티켓
을 나간다는 핑계를 대고 그곳에서 빠져나왔다. 우리들 4명은 택시를 타
고 부산으로 향했다. 그리고 이곳저곳 아는 사람들에게 수소문하여 '살
림'이라는 상담소와 쉼터를 알게 되었고, 우리는 즉시 그곳에 도움을 요
청하였다. '살림'에서는 우리를 도와주겠다며 우리가 쉴 만한 곳을 안내
해주었고, 그곳이 지금 내가 있는 '살림' 쉼터이다. 이곳에 온 지도 벌써
두 달이 다 되어간다. ○○다방업주들을 고소한 상태이고, 우리들은 이곳
쉼터에서 검정고시나 개인이 하고 싶어 하는 공부를 지원받고 있다.

난 지금 쉼터생활이 너무 행복하다. 여기 가족 모두가 너무 좋다. 지
금 내 생활에도 만족하고 있다. 지금은 고입 검정고시 준비 중이다. 검
정고시를 붙게 되면 난 네일아트 공부를 할 것이다. 여태껏 낯설기만 했
던 공부지만, 앞으론 공부랑 많이많이 친해질 거다. 남들보다 늦게 하는
공부지만 남들보다 더 잘 할 자신은 있다!

그리고 네일아트라는 것을 배워보고 싶다. 검정고시도 빨리 해야 하
지만 네일아트를 먼저 해보고 싶다. 뚜렷한 꿈은 없지만 가장 하고 싶은

것이 있다면 네일을 배워서 날 위해 고생하신 엄마의 손톱을 예쁘게 해드리는 것이다. 네일을 배우면 제일 처음으로 엄마 손톱을 해드릴 것이다. 업소생활 때에는 생각도 못 해봤던 이런 꿈도 생겼다. 업소생활을 그만두기가 참 어려웠는데 여기 선생님들 덕분이다. 지금은 업소생활을 생각만 해도 징그러울 뿐이다. 이제는 예전의 내가 아닌 새로운 나로 다시 태어날 것이다. 그리고 '살림' 쉼터 선생님들께 너무도 감사드린다는 말을 꼭 해드리고 싶다. 이제는 나를 위해서, 내 꿈을 위해서 정말 노력할 것이고 최고보다는 최선을 다하는 사람이 될 것이다.

내가 사랑하는 아들 ○○에게

○○아, 엄마야.

우리 아가 잘 지내고 있는지 무척이나 궁금하단다. 너는 볼 수 없는 편지겠지만, 그래도 이렇게라도 너에게 해주고 싶은 말들이 너무 많단다. 우리 ○○이가 벌써 네 살이구나. 몇 개월 있으면 우리 아가 다섯 살이 되겠구나. 벌써 우리 ○○이가 그렇게 커버렸나 싶구나. 엄마가 너와 함께 있을 때, 너는 겨우 12개월 갓 넘은 애기였는데 벌써 그렇게 훌쩍 커버렸다니, 마음이 아파온다. 너와 내가 떨어져 지낸 지 3년이 가까워 오는구나.

엄마는 시간이 가는 게 너무 무서워진다. 네가 엄마 모르는 사이에 훌쩍 커버려서, 혹시라도 엄마를 보게 되면 밀어내지는 않을까, 엄마를 미워하고 원망하지는 않을까 그런 걱정부터 드는구나. ○○아, 정말 보고 싶다. 니 얼굴이 자꾸만 흐릿해져서 정말 속상하다. 보고 싶을 땐 언제든 볼 수 있으면 정말 좋을 텐데 아직까지 그러기에는 기회가 주어지지 않는 것 같아서, 정말 안타깝다. 우리 ○○이는 엄마가 그리울 텐데, 아직 엄마 사랑을 많이 받아야 할 텐데, 엄마가 정말 미안하다. 너를 두고 왔지만 엄마는 정말 니가 싫어서, 미워서 그랬던 게 아니야. 정말 엄마가 너무 힘들어서, 너무 아프고 힘이 빠져서 견딜 수가 없었단다.

아빠가 엄마에게 너무 모질게 해서, 엄마가 죽을 거 같아서, 어쩔 수가 없었어. 니가 커서 엄마를 미워하거나 원망하게 된다 해도 엄마는 아무런 할 말이 없다. 하지만 정말 슬플 거 같아. 예전 그땐 니 얼굴만 봐도, 서러움에 복받쳐서 하루가 멀다 하고 울면서 지냈어. 그때는 엄마라는 호칭이 어색했었는데 지금은 이렇게 당연하다는 듯이 말하는 게, ○○이 엄마구나, 정말 이제는 엄마구나. 그리고 우리 아들이 혹시나 다른 사람에게 엄마라고 부르지는 않을까? 엄마가 생기진 않을까, 철없는 질투를 자꾸 부리게 된다. 이렇게 떨어져 있어도 내심 철없이 그런 질투를 하고 있는 엄마를 미워하지 않았으면 좋겠구나.

○○아, 정말 보고 싶다. 우리 아들 정말 보고 싶어. 아들아, 정말 엄마가 너무 미안하다. 엄마가 널 두고 힘들다는 핑계로 가버려서, 우리 아들 외롭게 내버려둬서 정말 엄마가 죽을 만큼 미안하다. 언젠가는 우리 아들 만날 수 있는 기회가 올 거라고 믿는다. 그리고 또 우리 아들이 엄마 안 밉다고, 원망 안 한다고, 이렇게 말해주기를 마음속으로만 바랄게.

사랑하는 아들 ○○아, 꼭 건강하게 행복하게 잘 자라라. 엄마랑 만날 수 있을 때까지 꼭 건강하게, 잘 자라길……

2005년 9월 15일

사랑하는 아들에게 엄마가

가족으로부터 받은 상처가 아물기도 전에 자신을 이용하려만 드는 어른들을 보며 자라온 깔미님은 한때는 반항심과 적개심만 가득 찬 적도 있었대요. 검정고시 공부를 열심히 해서 당당히 합격한 깔미님은 그래도 공부보다는 네일아트가 더 좋다고 하네요.

은방울꽃;

무엇보다 나는 지금 사람들이 보는 시선이 달라진 게 너무나 기쁘다. 일
단 내 맘이 편하고, 내가 하고 싶은 것도 배우고 여기 생활에 적응하고 있
다. 내 꿈은 일본으로 가서 네일아트를 가르치는 선생님이 되는 것이다.
나는 최고를 말하는 자보다 최선을 다하고 노력하는 사람이 되고 싶다.
그렇게 하기 위해서 나는 옛날의 나의 모습은 다 지워버리고 지금 모습만
기억하고 싶다. 매일 하루하루 열심히 살아가는 사람이 되고 싶다.

난 삶이 두렵지 않아

1.

나는 1985년 ○월 ○일, 응애 하고 태어났다. 우리 엄마는 내가 아들
인 줄 알고 아빠에게 장롱을 사달라고 했다가 결국 물거품이 되고야 말
았단다. 그렇게 태어난 나는 엄마, 아빠 사랑을 받으며 초등학교에 입학
을 했다. 나는 공부를 지지리도 못했다. 왜인지는 나도 모르겠다. 나는
초등학교 6학년 때까지 학교 남학생들한테 두들겨 맞거나 놀림당하는
것이 일이었다.

내가 초등학교 3학년 때 일이었다. 엄마, 아빠가 이혼을 하시고 결국
언니와 나, 그리고 남동생은 할머니, 할아버지 손에서 크게 되었다. 엄

마는 집을 나가셨고, 곧이어 아버지도 집을 나가 버리셨다. 그 후 학교 생활은 정말 가기도 싫은 악몽이었다. 그러나 나는 우여곡절 끝에 초등학교를 졸업했다. 그리고 중학교에 들어갔다. 중학교 2학년 때 처음으로 외박이란 것을 했다. 그때는 집이 발칵 뒤집혔다. 그렇게 잦은 외박과 여러 번의 가출이 계속되던 때 어느 날 할머니가 중병으로 일어설 수도, 걸을 수도 없게 되셨다. 그래서 결국 내가 병원에서 할머니를 간호해야 했다. 그때 용돈이라곤 없었다. 왜냐구? 집이 어려웠으니까. 그러던 중 어느 날 할머니가 다 나으셔서 집으로 돌아가게 되었는데 난 매일이 악몽이었다. 집이 싫었다.

이유 없는 아빠의 구타와 욕설이 싫어서 외박을 하고 집을 나가 버리고, 그런 게 일상이었다. 그러던 중 어느 날 학교 앞에 아빠가 찾아왔다. 나는 수많은 학생들 앞에서 신나게 두들겨 맞고 집에 가서도 맞았다. 이유는 단지 외박을 했기 때문이다. 구타를 견디지 못해 중학교 3학년 졸업하기 전에 집을 나가서 고등학교 입학 전까지 집에 안 들어가 버렸다. 그러고 나서 다시 집에 들어갔다. 그리고 입학을 했다. 입학을 해서 학교를 다니다가 결국 여름방학 때 집을 나와 버렸다. 그렇게 나는 친구 집에서 지내다가 눈치 보여서 결국 친구가 다방이란 곳을 이야기해서 그렇게 첨으로 다방이란 곳에 들어가게 되었다.

2.
처음 다방이란 곳은 그냥 손님들에게 가서 차배달만 하는 곳인지 알고 하루 15시간씩 오토바이를 타고 배달을 하게 되었다. 처음 월급은 고작 60만 원. 열일곱 살 나이에는 너무 큰돈이었다. 처음 배달을 가자 손님이 나의 가슴을 만졌고, 다음 배달을 갔을 때는 성희롱과 성추행을 하는 것이었다. 그것이 싫어서 다방이란 곳에서 처음 도망을 나와 이리저리 돌아다니다가 결국 다시 또 다방이란 곳에 들어가고 말았다. 왜냐구? 돈이 필요했으니까.

그렇게 나는 다방에서 추운 겨울에도 군소리 못하고 오토바이를 타며 배달을 다녀야 했다. 선불금 때문에. 그렇게 다시 다방에 들어간 나는 오토바이 무면허로 경찰에게 잡혔고, 결국 경찰 아저씨들이 집에 계시는 아빠에게 연락을 해서 난 1년 만에 아빠를 만났다. 아빠는 나를 보자마자 때리셨고, 나는 경찰 아저씨들 앞에서 맞는 것이 무척이나 싫고 죽고 싶었다.

아빠와 나는 다방으로 가서 가게 사장님을 만났다. 아빠는 사장님에게 욕을 하였고, 결국 그렇게 나는 다방이란 곳에서 벗어났다. 하지만 집으로 돌아온 나는 다시 집을 나와 버렸다. 아빠의 구타와 새엄마가 싫었고, 집안의 모든 것들이 낯설었다. 난 결국 견디다 못해 또 집을 나와 버렸다. 아빠에게 다시는 집이랑 연락 안 한다는 한마디를 남긴 채 집을 나왔고, 그렇게 나는 또다시 다방이란 곳을 들어가게 되었다.

나는 다방에서 일을 하면서 만난 남자와 사귀었는데, 결국 임신이란 걸하고 말았다. 그래서 결국 다방에서 쫓겨났고 집으로 들어갔다. 결국 난 들어가서 아빠한테 맞았다. 그 다음날 유산이 되었고, 배가 너무 아파서 하루 종일 아무것도 먹을 수가 없었다. 언니에게 전화를 해서 병원을 가자고 하니 언니는 일을 한다고 못 온다고 했다. 결국 나는 아픈 배를 잡고 내 방 창문을 타넘어 그냥 뛰쳐나와서 버스를 타고 친구 집으로 갔다.

친구 집에서 사귀던 오빠에게 전화를 했다. 나 유산되었으니 병원에 가자고. 병원을 갔다. 이런, 수술이 안 된다고 했다. 부모님의 동의서가 필요한 것이었다. 오빠와 나는 결국 큰 병원으로 가서 의사에게 거짓말을 했다. 양오빠라고. 오빠는 그렇게 수술 동의서에 사인을 했다. 나는 그렇게 수술실로 들어갔고, 오빠는 보이지 않고 10분쯤 지나 잠이 들었다. 얼마나 지났을까. 잠에서 깬 나는 통증 때문에 눈물이 났다. 내 주위에는 아무도 없었고 나는 그렇게 일주일을 병원에 입원해 있었다. 퇴원을 했지만 집에 들어갈 수가 없어 다시 또 다방에 들어갔다. 그냥 다방이 아닌 소개소였다.

3.
소개소에서 나에게 300만 원을 주었다. 그렇게 또다시 생판 모르는 시외 다방을 가게 되었다. 같은 소개소 언니 말로는 시외는 시내랑 다르다고 했다. 잘못하면 빚더미에 앉는다고 했다. 난 시외다방 가서 열심히 해서 빚을 까야지 하고 생각했다. 그렇게 나는 여러 소도시를 돌아다니다 빚이 500만 원으로 늘어났다. 빚이 점점 늘어났다. 왜냐구? 지각비, 결근비, 시간비, 올비 등이 있기 때문이다. 이건 시외다방 어디를 가나 다 있고 아가씨들도 아는 사실이다. 결국 난 소개소에서 견디다 못해 소개소를 나와서 다시 경북 ○○에 있는 다방을 들어가게 되었다.

그래서 난 다방업주를 만나서 일을 끊었다. 일을 끊은 지 하루 만에 일을 시작했다. 낯선 거리, 낯선 사람들……. 어떻게 해야 할지 막막했다. 일을 마치면 숙소에 들어와서 너무 피곤해서 뻗어 잤다. 일어나면 출근할 시간이다. 또 지긋지긋한 하루가 시작된다. 티켓다방이란 곳에서의 일은 정말 너무나 힘들었다. 지각을 하면 지각비를 물어야 했고, 결근하면 결근비란 것이 있었다. 손님들이 가슴을 만져도, 치마 밑으로 손이 들어와도 참아야 했다. 이유는 한 가지, 빚 때문이다. 손님들하고 시간도 나가야 한다. 손님과 성관계를 해야 했다. 빚을 갚기 위해서이다. 그리고 성관계를 갖기 싫어서 안 한다고 하면 손님들은 시간비를 주지 않는다.

업소에서 일을 하면 누구나 그렇게 되어 있다. 다방에 정해진 것이다. 손님들의 짓궂은 성희롱. 그건 너무나 견디기 힘들다. '씨발'이란 말이 입 속에서 맴돌 뿐이다. 왜냐면 손님에게 따지면 배달도 없어지고 시간도 없어진다. 그러면 난 주인에게 혼나거나 장사를 못한다고 다른 곳으로 팔려갈지 모르기 때문이다.

그렇게 나는 빚이라는 것과 다방업주의 구박과 다방업의 보이지 않는 협박 속에서 일을 하며 살아야 했다. 얼마나 갑갑하고 답답한지 일반 사람들의 눈에는 안 보일 거다. 색안경을 낀 눈으로 보는 사람들은 우리를 다른 세계의 사람으로 생각한다. 즉 창녀와 다름없다는 생각을 한다. 그것은 아마도 우리가 나이 많은 아저씨와 사람들의 눈을 속이며 힘들게 가지는 성관계 때문인 것 같다.

4.

난 다방생활을 6년을 해왔다. 어떻게 견디고 지금까지 해왔는지, 지금 생각하면 내가 바보 같기도 하고 한편으로는 참 대단하다는 생각도 든다. 그렇게 힘든 걸 어떻게 해왔는지 말이다. 한번은 이런 일도 있었다. 다방에 같이 일하는 언니가 하나 있었다. 그 언니는 집이 서울 쪽인데 남자친구와 함께 내려와서 일자리를 구하다가 이런 데 오게 되었다고 했다. 언니는 너무 예뻤다. 그리고 마음씨도 착했다. 이런 데와는 어울리지 않는 사람이었다. 그런데 어느 날 언니가 안 보였다. 알고 보니 업주가 다른 다방으로 팔아넘긴 것이었다. 그런 걸 보면서 나는 얼마나 무서웠는지 모른다. 속으로 무지 겁이 났다. 그래서 업주에게 잘 보이려고 노력했다. 지각 안 하고 결근도 안 했다. 왜냐구? 업주에게 잘 보여야 안 팔려가는 줄 알았으니까.

난 정말 나이 많은 아저씨들이 딸뻘 되는 내 가슴을 만지고 그러는 것이 무지 싫었다. 빚이 아니면 이런 데 일 안 할 텐데, 그러면서도 차마 안 되는 게 이 일이다. 빚을 까고 나면 다시 종업원에게 빚을 지게 만드는 게 업주다. 업주들을 죽이고 싶은 적도 있었다. 지각한다고 구타하고 때리는 업주도 봤으니까. 정말 죽이고 싶었다. 그리고 배달 가서 손님들이 장난쳐서 내가 기분 나쁜 내색을 하면 손님이 나에게 "씨발년아, 뭐 이런 게 다 있노" 하면서 "너거 다방업주한테 이를 거다" 할 때마다 난 그 사람들을 죽이고 입도 찢어버리고 싶었다. 그 정도로 그 사람들이 밉고 싶었다. 그리고 사람들이 나에게 직업이 뭐냐고 물으면 떳떳하게 말 못하는 내 자신이 싫고 죽고 싶었다. 그리고 다방에서 일한다고 손가락질하고 뒤에서 욕하는 사람들이 무지 싫었다. 다방에서 일한다고 하면 어디 가서 사람대접도 제대로 받지 못한다. 왠지는 나도 잘 모르겠다. 나도 엄연히 사람인데.

나에게 유흥업소를 표현하라고 하면 창살 없는 감옥이라고 말하고 싶다. 그놈의 돈이 뭔지 사람났고 돈났지 돈나고 사람난 게 아닌데 요즘은 돈이 우선이다. 돈이면 아무것도 못하는 게 없는 세상이다. 난 진짜 가난한 우리 집이 싫었고 돈 없어서 먹고 싶은 거 못 먹고 사고 싶은 거 못 사는 내가 너무너무 싫었다. 그래서 돈을 많이 벌고 싶어서 유흥업소에 들어간 내가 싫었다. 다방에 일하던 때를 생각하면 진짜 죽고 싶다.

나이 많은 아저씨들과 농담 따먹기를 하듯이 성관계 이야기를 자연스럽게 하는 내 자신이 싫었다. 나는 진짜 돈이 웬수라고 생각한다. 그리고 앞에서 이야기했듯이 집이 무지 싫었다. 아빠의 구타와, 자식에게 창녀라고 말을 하는 아빠가 싫었다. 그래서 집에서 뛰쳐나올 때 나는 돈 많이 벌어서 내가 내 스스로 살아야지 한 것이 고작 다방 일뿐인 그런 내 자신이 지금 생각하면 한심스럽다. 요즘 길거리에 교복 입고 다니는 학생들을 보면 정말 부럽다.

5.

나도 학교가 무지무지 다니고 싶다. 학교를 마치지 못하고 잘렸으니까. 그러나 집안 형편상 그런 거는 꿈도 못 꾸었다. 그래서 결국 다방이란 곳에서 돈을 많이 준다고 해서 간 것이다. 다방에서 일하다가 나는 보도를 하게 되었다. 보도는 노래방과 주점 업주들이 아가씨를 보내달라고 하면 우리가 가서 손님들과 노래 부르고 술도 마시는 것이었다. 그렇게 하지 않으면 나는 노래방 업주와 보도 사장님에게 돈을 받지 못한다. 다방과 보도의 차이점은 이러하다. 다방은 노동이라도 하지만 보도는 밤에 나가서 술을 마시며 손님을 접대해야 한다. 술을 못 마셨기 때문에 보도는 오래 하지 못했다.

난 또다시 다방에 들어가게 되었다. 힘든 걸 알면서도 다시 다방에 들어가야 하는 내 자신이 너무 싫었으나 들어가야 했다. 돈이 없었기 때문이다. 그렇게 다방이란 곳을 들어가서 사람들의 성희롱과 성추행을 참을 때는 정말 여자로 태어난 걸 후회하고, 또 죽고 싶었다.

그렇게 또다시 다방의 창살 없는 감옥에서 살아야 하는 내 자신이 싫어 견디지 못해서 도망을 나와 성매매 여성 지원단체에 들어가서 다방 업주한테 납치도 당해보고 했지만, 다방에서 나온 걸 후회한 적이 한 번도 없다. 지금은 '살림'이란 곳에서 보호를 받으며 살아가고 있다. 무엇보다 나는 지금 사람들이 보는 시선이 달라진 게 너무나 뛸 듯이 기쁘다. 일단 내 맘이 편하고, 내가 하고 싶은 것도 배우고 여기 생활에 적응하고 있다. 나는 네일아트를 배우는데, 내 꿈은 일본으로 가서 네일아트

를 가르치는 선생님이 되는 것이다. 나는 최고를 말하는 자보다 최선을
다하고 노력하는 사람이 되고 싶다. 그렇게 하기 위해서 나는 옛날의 나
의 모습은 다 지워버리고 지금 모습만 기억하고 싶다. 매일 하루하루 열
심히 살아가는 사람이 되고 싶다.

그러기 위해서 이제부터 내 인생은 시작이다.

한 번의 손 뻗음

처음에 이 글을 쓸 때, 거리낌 같은 건 없었어요? 나를 다 오픈하는 거잖아.

처음에는 좀 그랬어요. 세상 사람들이 읽는 거잖아요. 내 삶을 보는 사람들의 시선이 걱정이 됐어요. 사람들이 색안경 낀 눈으로 볼까봐. 그게 좀 걱정이 됐는데, 내가 새로운 인생을 살려고 이렇게 마음먹었으니까 상관없다고 생각해요. 내 인생은 내가 사는 거고, 그 사람들이 내 인생 대신 살아주는 거 아니니까. 그래서 글을 쓰기로 마음먹었어요.

글을 보면 학교 다니고 싶다는 말이 나오는데, 지금도 그래요?

내가 아직도 늦었다고는 생각 안 하거든요. 지금 교복 입고 학교 다니기에는 너무 늦었다고 생각하는 사람들도 있는데, 나는 안 늦었다고 생각해요. 왜냐면 배우는 거잖아요. 배워서 나한테 도움이 되는 거라면 배우고 싶어요.

다방을 옮겨 다니면서 힘들다는 거 알게 됐을 텐데, 그때마다 나오고 싶었겠어요.

그렇죠. 내가 언제 그걸 느꼈냐면요, 첨에 ○○에 올라갔을 때 같이 일한 언니가 몰래 팔려갔었어요.

팔려가는 거 봤어요?

네. 그때 알았죠. 잘못하면 팔려가는구나. 그래서 가식적으로라도 웃어야 하고 아부를 떨어야 한다고 생각했어요.

쉼터에 처음 들어갔을 땐 어땠어요?

　　처음에 들어갔을 때는 좀 불안한 감도 있었어요. 있으면 있을수록 편안해지긴 했는데 내 사생활이라는 게 사라져 버려서 좀 그랬죠. 단체생활이니까. 처음에는 그 일을 안 해도 된다는 거 자체가 너무 좋고 편안하기도 했어요. 자유자재로 움직일 수 있다는 것 자체가.

언니 글이 사람들한테 읽혀질 텐데, 사람들에게 하고 싶은 이야기 있어요?

　　솔직한 말로 별로 바라는 것은 없구요, 편안하게 읽고 편안하게 받아들였으면 좋겠어요. 있는 그 자체로. 이 사람은 이렇게 됐었구나, 저렇게 됐었구나. 그리고 성매매 여성들도 책을 보게 된다면, 언제든지 거기서 벗어날 수 있고, 거기서 나오는 게 최선이라는 걸 알게 됐으면 좋겠어요. 그리고 정말 이렇게 빠지기 쉬운 십대들은 이렇게 나쁜 길로 빠지지 않게 쉽게 내쳐지지만 않는다면……. 한 번의 손 뻗음이 정말 중요하거든요. 그러니까 한 번의 손 뻗음으로 사람의 인생이 바뀌니까 그걸 생각해줬으면 좋겠어요.

"우리 아픔을 많이 애기해줬구나"

2003년에 개봉한 한국영화로, 동료의 억울한 죽음에 분노한 성매매 여성이 국회의원 선거에 출마하여 결국 당선된다는 이야기. 배우 예지원이 '고은비'라는 인물로 출연했다. 전주 선미촌을 배경으로 촬영된 이 영화는 상업영화의 한계 속에서 성매매 여성의 현실을 제한적으로 그렸지만, 성매매 여성을 주인공으로 한 영화라는 점에서 주목을 끌기도 했다.

수많은 매체들이 언니들의 이미지를 왜곡하고, 편견을 더욱 강화시키기도 한다. 언니들은 자신들의 이야기를 어떻게 보았을까? 영화를 보는 시간 동안, 언니들은 또다시 웃고, 울고, 분함을 느꼈다. 영화를 보고 난 뒤 언니들이 말하는 감동과 눈물은 무엇이었을까?

- 일시 | 2005년 4월 19일
- 장소 | 봄밤 깊어가는 살림 쉼터
- 대담 | 진행자 1, 재수, 콩쥐, 이쁘니, 사오정, 야옹이, 백주공주, 오빠야, 다물라, 은방울꽃, 진행자 2

● ● ● ●
눈물밖에 안 났어요

진행자 1 | 영화 속 은비에게 해주고 싶은 말이 있다든지, 인상 깊은 장면이 있다면?

콩쥐 | (모기만한 목소리로) 희망을 가지세요.

재수 | 안 본 사람들은? 저는 지금 세 번째 보거든요.

진행자 2 | 처음 본 사람이 얘기를 해도 될 것 같은데.

재수 | 많이 본 사람부터 얘기를 하죠.

이쁘니 | 세 번이 원(win)이야.

오빠야 | 아니야, 저는 다섯 번 봤어요.

은방울꽃 | 난 오늘로 여섯 번이야.

오빠야 | 볼 때마다 새로운 장면이 와 닿는 것 같아요. 처음에 볼 때는 그냥 장면 장면 눈물만 났는데, 마지막에 은비가 숨었다가 다시 나타나잖아요. 제가 일을 하고 있을 당시에 그 영화를 봤기 때문에 눈물밖에 안 나왔어요. 정말 대단한 것 같아요.

백주공주 | 진짜 저런 일이 있었으면 좋겠다. 여자에 대한 자부심을 가지겠지.

오빠야 | 정말 바닥에서부터 시작했다는 거, 주위에 친구들도 도와줬다는 거.

백주공주 | 그 말이 인상적이었어. 쓰레기 사이에서 피어난 장미. 그 말 듣고 진짜 감동받고 울었거든.

은방울꽃 | 또 울었어, 또. 난 볼 때마다 운다니까.

진행자 1 | 어떤 게 울게 만드는 거 같아요?

백주공주 | 나랑 너무나 똑같으니까.

진행자 2 | 굉장히 현실적인 내용들이 많으니까요.

백주공주 | 맞아, 우리 마음도 알아주고.

은방울꽃 | 어떻게 보면 사회를 비판하는 내용일 수도 있거든요.

사오정 | 저는 몇 번 봤거든요. 케이블 TV에서 처음에 봤을 때는 뭐 저런 영화가 다 있나 하고 생각했어요. 그때는 그런 일 안 하고 있었을 때니까. 지금은 일하고 나서 보니까 새롭네요.

이쁘니 | 굳이 국회의원이 아니더라도 자기의 목표가 높든 낮든, 그 목표를 달성하면 그때는 국회의원이 된 은비랑 다를 게 없다고 생각해요. 남의 일이라고 생각하지 말고, 내가 될 수도 있다, 상상이다, 허구다, 이렇게 넘길 일이 아니고 자기 목표에, 자기가 원하는 자리에 섰을 때, 그때 내가 바로 은비가 되는 게 아닐까 하는 생각을 했어요.

진행자 1 | 영화에서는 국회의원이나 아나운서가 되는 게 목표인데, 대단하지 않아요?

야옹이 | 은비도 목표가 뚜렷했다는 생각을 하지만 주위 언니들이 정말 대단하다고 생각해요. 현실적으로 국회의원이 아니더라도 내가 의견을 세상에 내세워서 그런 자리까지 간다면 주변의 보통 사람들은 안 될 것이다, 미쳤다, 돌았다고 비판을 할 텐데, 주위 사람들이 지지를 해 주고 믿어주는 것이 좋았다고 생각해요.

이쁘니 | 맞아, 믿어준다는 거.

진행자 1 | 은비가 국회의원을 한다면 생각하는 바를 가장 잘 개선시킬 수 있다는 생각은 들었어요?

야옹이 | 네.

진행자 2 | 그런 공감대 있잖아요. 가난한 사람들이나, 노숙자들이나 남들이 다 알아주지 않아도 그런 것에 대해 공감할 수 있는 능력이 있다는 것이 정말 좋았던 것 같아요.

콩쥐 | 영화를 보다 보니까, 나도 같은 생활을 했었으니까 남 일 같지가 않았고, 그렇게 잘 봤어요.

진행자 1 | 저 영화가 잘 만들어진 영화네.

백주공주 | 그런데 업주가 너무 현실성이 없어. 업주라고 하면 돈 모아둔 통장을 그렇게 덥석 주지도 않고, 그럴 업주는 없을 것 같아. 조금이라도 돈을 더 뜯어내려고 하고 그러는데. 이 세상에 저런 업주는 없는 것 같아.

재수 | 그런 업주도 있어.

이쁘니 | 평소 은비를 신용했기 때문이 아닐까요? 은비니까 해낼 수 있을 거다, 라는 믿음이 있었기 때문이 아닐까? 사촌이 땅 사면 배 아프듯이 남이 잘되면 그것을 오히려 방해하려고 하잖아. 그런데 너의 승리가 곧 나의 승리가 된다는 생각, 은비 주위 사람들이 은비를 믿고 지지해주지 않았다면, 은비가 국회의원이 못 됐을 거야. 은비가 국회의원이 될 수 있도록 옆에서 믿어주고 지지해준 것이……. 은비가, 잘 하나 봐? (웃음)

진행자 1 | 속이 시원하게 해주는 면이 분명 있는 영화였지요?

진행자 2 | 국회의원들이 겉으로 사탕발림하고 속으로는 딴소리하는 것도 다 보여주고.

백주공주 | 영화 속에 나오는 그 기자, "창녀하고 어떻게 해" 이러는 순간 정말 더러워서. 그 소리 딱 듣자마자 컵으로 때려서 죽여버리고 싶었다.

재수 | 근데 그게 현실이니까.

백주공주 | 현실이긴 현실이지만 나는 그때 완월동에서 일하고 있었고, 그 소리를 듣게 되니까, 정말 한참 열 받다가 마지막에 '쓰레기 속에서 피어난 장미'라고 했을 때 정말 마음이 정말로 좋았어.

야옹이 | 근데 그 사람들은 안 겪었던 사람이고 우리는 겪었기에 공유를 하고 동감을 하니까, 그 사람들은 그런 말을 할 수밖에 없을 거라고 이해를 하기도 해. 그 사람들은 온실의 난초처럼 좋은 것만 보고 자랐기 때문에 우리와 같은 걸 똑같이 느낄 수는 없는 거지.

다물라 | 나도 그런 거 같아. 그게 더 현실성 있는 얘기고. 직업에 귀천 없이 하면 다 되는 거 같은데, 우리가 국회의원이나 아나운서 되겠다 그러면 허황된 꿈을 버리라고 하잖아. 지금 생각하면 허황된 꿈이 있기 때문에 현실성 있는 얘기 같고. 그게 더 현실이니까.

진행자 1 | 저기서 그런 얘기 나오잖아. "돈이면 뭐든 한다"는 말은 어떻게 생각해요?

다물라 | 돈으로 다 될 순 없죠. 세상을 어떻게 돈으로 다 하겠어요.

오빠야 | 사랑을 돈으로 살 순 없지.

야옹이 | 그치만 창녀는 돈으로 사잖아.

재수 | 돈으로 샀기 때문에 그 밑에 누워서 싫다는 생각을 하고 있는

거야.

오빠야 | 그놈의 돈 때문에.

백주공주 | 내가 그 일을 했으니까 그 직업에 뭐라고 하는 사람들은 다 죽여버리고 싶어.

진행자 1 | 그런 생각 가질 수 있죠. 아까 영화에서 여성이 강간당하는 장면을 보면서 전부 다 자기도 모르게 "개새끼들" 그랬잖아. 그런 거랑 똑같은데.

재수 | 내가 만약 그 일을 하고 있으면 지금보다 더 많은 공감을 할 수 있을 것 같아요. 지금은 내가 좋은 자리에서 그런 고생 안 하는 상태에서 영화를 보니 그렇게 감동도 많이 안 되고, 비현실적이라는 생각도 많이 들어요. 꿈과 희망을 준다는 게, 일하고 있을 때 봤으면 진짜 많이 느꼈을 것 같은데. 그래서 어떤 장면에서는 눈물도 나고 공감도 되는데, 어차피 한계를 알아버렸기 때문에 허황된 거 같다는 생각을 하게 돼요. 꿈이라는 게, 희망이라는 게 더 낮아지고 좀더 현실적이 되어버린 것 같아요.

그리고 나는 은비보다는 옆에 사람이 더 불쌍하다는 생각이 들어요. 자랑스러워하는 것도 있지만 분명 그 사람들은 자기가 못하기 때문에 은비를 선망의 대상으로 삼는 거잖아요. 근데 은비는 그러잖아요. "자기가 국회의원이 되면 더 좋을 줄 알았는데 근데 그게 아니었다"고. 다 머리 깎이고, 이상한 사람들에게 잡혀가고, 맞고, 그러잖아요. 옆에 있는 사람이 더 불쌍하다는 생각 많이 했어요.

내가 만약 국회의원으로 나서면 내 주변 사람들도 똑같이 그런 상황이 될 거라는 거예요. 일하고 있을 때는 그 생각이 안 들고 진짜 대단하다는 생각이 많이 들 것 같아요. 옆에 사람들, 부모형제, 친척, 언니, 오빠, 저 사람들이 어떻게 될까 싶어요. 성매매를 아는 사람들은 진짜 저 사람 대단하다 하겠지만, 저의 핏줄이거나 저를 아는 사람들은 쪽팔리는 거죠.

"내 딸이 성매매 여성이었어도 이렇게 훌륭한 사람 됐다"라고 언젠가는 얘기할 수 있겠지만 지금 당장 그렇게 얘기해줄 부모는 아무도 없을 것 같아요. 영화를 봐서 더 나쁘거나 좋다거나 하는 생각은 안 들고 그냥 영화다, 그냥 영화인데, 우리 아픔을 좀 많이 얘기해줬구나 하는 생각을 하죠.

그곳을 살아낸 힘 II

백주공주;

나를 슬프게 하는 것들······
아빠가 돌아가셨을 때
완월동에서 그 모든 일들이 일어났을 때
첫사랑이 오토바이 사고로 죽었을 때
몸과 마음이 아플 때
아무 이유도 없이 마음이 우울할 때

쓰레기통에서 피어난 장미

눈 딱 감고 한 번 하면

열다섯 살 때 정말 집이 싫었다. 우리 집은 내가 어릴 때부터 돈돈돈
이 말만 듣고 살아왔다. 그래서 나는 집에서 처음으로 가출을 했다. 양
아치 오빠들을 만났는데 오빠들이 돈을 많이 버는 데가 있다고 했다. 그
래서 나는 오빠들한테 소개시켜 달라고 했다. 오빠들이 소개시켜줬다.
여관발이였다. 여관에서 남자랑 한 번만 하면 5만 원을 준다고 해서 나
는 하기 싫다고 했다. 오빠들이, 남자친구라고 생각하고 하면 된다고 해
서 알았다고 했다. 하지만 첫손님이 아저씨. 정말로 싫었다. 하지만 내
가 어리다고 해서 돈을 많이 줬다. 한 번하면 5만 원인데 20만 원을 줬

다. 그래서 나는 정말 눈 한 번 감고 하면 돈 많이 벌겠다 생각했다. 하지만 한 달 뒤에 500만 원을 벌었는데 오빠들이 소개비를 달라고 해서 싫다고 했다. 소개비가 500만 원인데 봐줬다면서 나한테 백만 원을 줬다. 그래서 나는 100만 원을 할머니한테 줬다. 할머니는 나한테 돈이 어디서 났냐고 했는데 내가 알바해서 돈 벌어 왔다고 했다. 근데 새아빠가 돈 많이 받았다고, 100만 원이나 주더냐고 그랬다. 그래서 나는 내가 도둑질 안 했으니까 걱정 말고 다 쓰라고 말했다.

98년 17세. 나는 학교에 다니고 있었다. 친구들하고 정말 재미있고 행복했다. 하지만 나의 행복은 끝. 하루는 수학 선생님이 문제를 내주었다. 선생님은 나를 공부를 시킨다고 문제를 숙제로 내주었다. 그래서 나는 알았다고 했는데 나는 그때 공부가 너무 싫었다. 하지만 선생님이 한 가지 소원을 들어준다고 해서 다음날 점심시간에 공부 잘하는 친구한테 알려달라고 했는데 나를 무시했다. 그래서 나는 친구를 "씨발년아" 하고 차버렸다. 그래서 일주일 동안 학교를 안 나갔다. 나랑 사귀고 있던 오빠랑 같이 놀고 학교 끝나는 시간에 집에 가고 했다. 그래서 일주일 동안 오빠랑 놀고 일주일 만에 학교를 갔는데 내가 다방 다녔다고 나한테 맞은 애가 학교에 소문을 냈다. 그래서 나는 선생님한테 정말 다방 안 다녔다고 했는데 선생님은 안 믿어주었다. 그 친구는 착하고 공부도 잘하는 학생이었다. 그래서 난 학교를 때려 쳤다. 그러고 나서 양아치 오빠들한테 삐삐를 쳤다. 전화가 왔다. 집에 있기가 미안하고 눈치도 보였다.

오빠들하고 재미있게 놀다가 오빠들한테 여관 아직도 하냐고 하니

지금도 한다고 해서 다시 여관발이 해달라고 했다. 하루에 손님 35명. 정말 힘들고 아팠다. 돈을 많이 벌어서 우리 할머니 이빨 해주고 싶어서 아파도 참았다. 그때는 내가 양아치 오빠한테 소개해달라고 했으니까. 하지만 나는 우리 할머니 이빨 해주기 전에 내가 화장품, 목걸이, 팔찌, 바지, 옷 등을 샀다. 정말로 내가 벌어서 쓰니까 행복했다.

99년 18세. 집에 들어갔다. 큰오빠한테 좆나게 맞고 작은오빠한테도 좆나게 맞았다. 하루 종일 맞았나 보다. 맞다가 오빠들한테 그랬다. 씨발 죽었어. 다시는 집에 안 들어와. 씨발. 하고 나는 다시 집을 나갔다. 할머니는 집에 들어오라고 했는데 나는 오빠들이 나를 때려서 정말 미웠다.

그래서 신문을 보고 내 발로 다방을 갔다. 갔는데 여관발이랑 똑같다. 시간 끊고 연애하는 것이 똑같다. 단지 차를 배달하는 것만 다르고. 사장이 나한테 그랬다. 시간도 잘 나가고 일 잘한다고 했다. 나는 그때는 너무 기분이 좋았다. 칭찬을 받아서. 그러고 나서 나는 정말 열심히 일을 했다. 하루 14시간. 힘들지만 사장이 나를 이쁘다고 해서 힘들어도 일을 했다. 하지만 그것도 6개월. 아가씨가 도망을 갔다. 그래서 사장은 우리한테 "씨발년들, 너네들 도망가면 다 죽어"라고 협박을 했다. 그리고 한 달 후 도망간 아가씨가 잡혀왔다. 우리들 앞에서 욕하고 그 아가씨를 때리고 그랬다. 정말 무서웠다. 그러고 나서 나는 다방을 그만 뒀다. 다방에는 빚이 하나도 없었다.

나는 전라도 ○○으로 갔다. 다방에 갔다. 정말 힘들었다. ○○이 더 빡세다. 시간을 많이 끊어도 칭찬도 않고 일만 하고 정말 힘들었다. 다시

고향으로 가고 싶었다. 그 사장은 아가씨를 때리지만 나한테는 잘했다. 정말로 그 사장이 보고 싶었다. ○○에서는 5개월을 일하고 돈 한 푼도 못 받았다. 돈 달라고 했는데, 니가 나한테 돈을 줘야 한다고 해서 "왜요, 다시 계산해 봐요"라고 나는 말했다. 사장이 그러면 다른 데 소개를 해주겠다고 했다. 돈은 다음에 준다고 했다. 그래서 나는 ○○으로 갔다.

2000년 내 나이 19세. 나는 정말로 ○○이 좋았다. 사장도 좋았다. 하루 일하는 시간 10시간. 이 사장은 노는 것을 좋아했다. 그날 번 돈은 우리 아가씨들한테 다 썼고 한 번씩 아가씨랑 잤다. 나는 사장이 나랑만 잘 거라 생각했는데 다른 아가씨랑도 잔다고 했다. 그 말 듣기 전에는 정말로 사장이 나를 좋아해서 자고, 옷도 사주고 했는지 알았다. 그래서 나는 ○○에서 8개월을 일했는데 돈도 안 받았다. 사장님한테 "그만 일할게요"라고 하고 대전으로 갔다.

대전에 친구가 소개소를 안다고 해서 대전 ○○소개소를 갔는데, 그때부터 내 인생은 꼬였다. 주점은 정말 좋았다. 내가 2차를 안 가고 싶으면 안 나갔다. 주점에서는 삼촌하고 사귀면 안 되는 것을 처음 알았다. 삼촌하고 사귀었는데, 나는 삼촌이 너무 좋아서 옷도 사주고 바지도 사주고 했다. 그래서 나는 주점에서 1500만 원의 빚이 생겼다. 정말로 힘들었다. 그래도 나는 삼촌이 좋았다.

나는 정말 사람이 아니다

하지만 주점 사장이 알았다. 그래서 나는 다시 소개소로 갔다. 룸싸롱으로 갔다. 나는 열심히 일했다. 빚을 까라고 하지만 한 번 빚이 생기니까 힘들었다. 옷 사고 화장품 사고…… 그래서 7개월을 룸싸롱에서 일하고 소개소에 전화를 했다. 다른 데로 소개해줬다. 소개소에서는 내가 뚱뚱하다고 룸싸롱은 안 된다고 했다. 선불도 많고 해서 술3종으로 가라고 했다. 나는 싫다고 말을 했는데 선불금 때문에 싫어도 술3종에 갔다. 그러고 나서 폰도 끝이 났다. 폰을 못 쓰게 하니까.

술3종은 옷도 다 벗고 술 먹고 쇼도 하고 했다. 나는 일주일 만에 쇼를 8개를 배웠다. 쇼를 해야 손님들이 팁을 많이 주니까. 손님들이 너무 힘들게 했다. 손님들 중에는 경찰도 있고 의사, 판사, 변호사 등……. 경찰은 나에게 "이것밖에 못 놀아?"라고 말했다. 나는 화가 나서 경찰하고 옷을 벗고 사람들 앞에서 했다. 경찰이 정말 재미있게 놀다 간다고 말을 했다. 나는, 사람들을 돌봐주고 나쁜 사람들을 잡는 게 경찰이라고 생각했는데 아니었다. 경찰이 나한테 할 때 모습은 사람이 아니었다.

그리고 의사. 산부인과 의사였다. 하루 종일 여자 자궁을 보면서 또 보고 싶냐고 나는 생각했다. 의사는 두 명. 둘 다 산부인과 의사. 내 옷을 찢고 사람들 앞에서 자궁에 손가락을 넣고 파고, 너무 아팠다. 그래서 나는 아프다고 했는데, 의사는 "너는 매일 하면서 개뿔이 아프냐"고 했다. 의사는 정말 못됐다. 자기는 여자환자가 오면 행복하다고 했다. 365일 매일 여자 자궁을 보는 것이 행복하다고 말을 했다. 나는 정말 의사를 죽이고 싶었다. 자기 욕망에 환자를 보니까. 나는 정말 그 의사가 싫었다. 하지만 나의 손님이니까 말을 못했다. 그러고 나서 한 번 하고 갔다. 내가 그 의사랑 잤지만, 나는 그 의사를 마음속으로 저주를 했다. 병원 망하라고.

그러고 나서 판사가 왔다. 판사는 술 먹기 전에는 정말 친하고 우리의 마음을 잘 안다고 생각했는데 술을 많이 먹고 나서는 나의 자궁, 가슴을 만지고 빨고 이빨로 물고 나를 장난감처럼 갖고 놀았다. 나는 우리 할머니 말이 생각났다. 남자는 술을 먹여봐야 그 사람의 생활이 다 보인다고. 판사는 두 가지의 사람이었다. 정말 사람이 아니었다. 판사는 같이 온 사람들한테 나의 자궁을 보라고 했고, 나의 가슴을 만지면서 나의 귀에 소리를 냈다. 하아 하아……. 나는 정말 싫었다. 판사랑 같이 하룻밤을 보냈다. 정말 다 같이 연애하는 것도 싫었다. 선불이라는 돈만 아니면 판사하고 싸웠을 거다.

며칠 후 변호사가 왔다. 정말 지금까지 의사, 판사, 경찰보다 더 엉망이다. 나는 왜 꼭 내가 싫어하는 사람과 짝이 될까. 변호사는 한 번 하고 술 먹자고 했다. 그래서 나는 선불로 달라고 말을 했다. 변호사는 돈 15만 원을 주고, 술 먹기 전에 하자고 했다. 그래서 변호사하고 자고 나서 술을 먹고 나서 또 했다. 그때 정말 힘들었다. 맥주 10병 먹고 연애하고, 10병 먹고 연애하고……. 그때는 정말 자궁에 불이 난다. 눈물도 흐르고 정말 힘들었다. 전라도 ○○에서는 3개월 일했다. 그러고 나서 소개소로 다시 갔다. 술3종 또 간다. 대전. 나는 거기서 선불 2천만 원 중 500만 원을 깠다. 정말로 힘들었다. 8개월 동안 500만 원만 까고. 룸 싸롱에서는 800만 원 깠을 거라고 생각했다.

대전 사장은 정말 무서웠다. 장사가 안 되면 우리 아가씨에게 맥주병을 던졌다. 그리고 장사 못하는 아가씨는 지하로 데려가서 때리고, 손님들이 주는 돈은 다 뺏었다. 사장은 매일 하루 매상 천만 원을 벌어야 했다. 못 벌면 우리 아가씨들은 맞고 욕 듣고 정말 무서웠다. 나도 사장한테 맞았다. 욕도 많이 들었다. 대전에서 9개월 동안 맞고 욕 듣고 정말 힘들었다. 나는 사장을 죽이고 싶었다. 사장한테 매일 맞고 욕 듣고. 정말 내 몸이 아니었다. 정말 힘들었다. 매일 한 사람당 200만 원을 벌어야 하루 매상이 천만 원을 조금 넘는다. 나는 정말 하루 종일 술 먹고 연애하고, 하루에 술 박스는 20박스, 연애는 20번 정도를 해야 하루 매상이다. 나는 정말 사람이 아니다.

하루는 어떤 아가씨가 자살한다고 병으로 팔을 그었다. 사장이 그 아가씨를 데리고 지하로 갔다. 안 봐도 비디오다. 4시간 후 그 아가씨는 피를 많이 흘리고 나왔다. 그 아가씨는 방에 가둬났다. 그리고 그 아가씨는 15일 후에 다시 일을 했다. 그 아가씨는 빚이 5천만 원이었다. 정말 죽고 싶다고 생각한 것이 당연했다. 나는 사장한테 지하로 불려갔다. 손님이 준 돈을 안 줘서 나도 맞았다. 2시간 동안 맞았다. 정말 힘들고 아프고 죽고 싶다고 생각도 하고, 할머니가 너무 보고 싶었다. 그리고 죽는지 알았는데 일주일 후 나는 다시 일을 했다. 맞을 때 쇠파이프로 맞고 발로도 맞았다. 2시간 동안 정말 지옥이었다. 맞을 때 정말로 힘들고 죽고 싶었다. 나는 대전 술3종에서는 매일 술 먹고, 연애하고, 사장한테 욕 듣고 맞고 9개월을 보낸 것 같다. 9개월 후 소개소에서 왔다.

나는 삼촌 보고 술3종 일은 않는다고 했다. 다른 데로 소개해달라고 했다. 그래서 나는 부산 완월동 떡집에 왔다.

살고 싶다

완월동은 연애만 하고 가끔 손님하고 술 먹고 하면 된다고 했다. 완월동에 올 때는 선불 3천만 원에 왔다. 2002년 스물한 살에 완월동에 왔다. 정말 이제는 우리 집에 못 간다. 선불을 다 갚을 때까지는. 나는 정말 우리 집에 가고 싶었다. 선불 3천만 원. 정말 죽고 싶었다. 그래서 나는 완월동에 가자마자 일을 했다. 정말 싫었다. 첫 손님 정말 싫었다. 30만 원에 외국인. 손님이 집에 갈 때까지 같이 자는 것. 하지만 외국인은 우리나라 말을 잘했다. 술3종보다는 정말로 천국이다. 정말로 힘도 안 들었다. 정말로 행복했다. 술3종에서는 하루 종일 술 먹고 힘들었는데 완월동은 아니었다. 하지만 5개월이 지나고 나서는 힘이 들었다. 하루에 많이 하면 25번 연애를 하고 적으면 15번을 했다. 정말로 힘들었다. 내 자궁이 많이 아팠다. 그러고 나서 임신을 했다. 이모들이 나한테 욕하고, "씨발년아, 장사 안 되잖아"라고 말했다. 나는 정말로 속상했다. 완월동에 와서 처음으로 임신을 했다. 임신이 처음은 아니지만 완월동에서는 처음이었다. 나는 임신을 4번 했었다. 그래서 나는 임신된다는 것이 정말 싫었다. 하지만 이모들이 욕하고 그래서 산부인과를 가서 다시 애를 뗐다. 나는 정말 힘이 들었다.

애 떼고 일주일도 못 쉬고 일을 했다. 그러고 나서 1년이 지났다. 하루는 정말 죽고 싶어서 수면제를 먹었다. 60알을. 약국 6군데를 가서 사왔다. 그래서 유서를 쓰고 날짜를 잡았다. 17개월하고도 17일째. 정말 힘들었다. 4월 18일. 나의 죽는 날이다. 하루를 쉬고 내 방에서 수면제 산 것 60알을 먹고 침대에 누웠다. 다른 나라로 간다는 생각에 나는 정말로 마음이 아팠다. 결혼도 못하고, 우리 집에도 못 가고. 잠이 많이 왔다. 하늘로 하늘로 아빠한테 간다. 정말 힘든 세상이었다. 아빠, 조금만 기다려요. 내가 가요, 아빠⋯⋯. 그러고 나서 나는 몰랐는데 앞방 언니가 내가 수면제를 먹은 것을 하루 만에 보았다. 그래서 나는 병원에서 위청소를 했다. 일주일 뒤 다시 일을 했다.

열심히 일을 했다. 2004년 8월 달, 다시 죽자고 생각했다. 팔에 피가 흘렀다. 그래서 나는 다시 하늘로 간다고 생각했는데 청소 이모가 알고 다시 119차를 불러서 병원에 갔다. 정말 싫었다. 그래서 일주일 뒤에 다시 일을 했다. 그리고 9월이 됐다. 정말 남자들이 싫었다. 다 싫었다. 남자도, 가족들도, 우리나라 사람들도, 그리고 돈도 다 싫었다. 나 자신도 싫었다. 성매매법이 생겼다. 하지만 나는 다 싫었다.

10월 달, 나는 미칠 것 같았다. 그래서 다시 나의 팔에 칼을 댔다. 술 먹고, 죽고 싶어서 칼로 하나, 둘, 셋, 그리고 하나하나⋯⋯. 기분이 좋았다. 나 이 세상을 살아오면서 많이 행복했고, 많이 아팠고, 그리고 쓸쓸하고 눈물이 흐르고 미친 짓도 하고 지금까지 살아왔다. 여관발이, 다방, 룸싸롱, 술3종 그리고 완월동. 정말로 너무 싫었다.

성매매법이 생기고 나서 완월동에서 데모도 하고 편지도 하라고 했다. 그래서 나는 데모하고 편지도 쓰고 했다. 2004년 12월 달에 여성단체 언니를 만났다. 선불도 안 줘도 되고 공부도 가르쳐 준다고 했다. 그래서 생각을 많이 해보고 언니한테 말해준다고 했다. 한 달 동안 생각을 많이 했다. 그래서 여성단체 언니를 우리 가게로 오라고 했다. 그때 내가 술을 먹고 있었다. 그래서 여성단체 언니가 왔다. 내가 술을 사오라고 해서 언니가 술을 사왔다. 주인 엄마의 동생이 주방이모였는데 여성단체를 정말로 많이 싫어했다. 그래서 언니랑 술을 먹고 있는데 내 방으로 와서 나가서 술을 먹으라고 했다. 그래서 나는 언니랑 나가자고 했다. 그래서 나는 완월동에서 나오게 됐다. 하지만 무서웠다. 정말로. 하지만 2주일 후 내 짐을 가지고 와서 나는 정말로 자유다, 라고 느꼈다. 그리고 내 몸, 정말로 자유다. 행복하다. 살고 싶다고 생각했다.

이제, 내 몸은 내 것

나도 언니한테 힘을 많이 받거든요? 나도 상담소 일하면서 힘들 때 많은데, 언니가 그런 힘든 시간을 다 견뎌내고 지금 열심히 살고 있고 항상 밝고 그래서, 나도 힘 많이 받아요. 글 보니까, 열다섯 살 때 그 오빠들 되게 나쁘대?

　　내 남자친구 만나기 전이었지. 어떻게 알게 됐냐면요, 시내를 나 갔는데 나한테 헌팅을 걸더라구요. 그래서 알게 되고, 오빠들하고 놀다가, 한 달 동안 여관밭이를 했어요. 그러다 알게 된 오빠들인 데…….

그럼 그 오빠들이 여관밭이 소개시켜준 거예요? 근데 당시에 중 2면 단속도 있고 그랬을 텐데, 어떻게 했어요?

　　그땐 단속이 안 심했어요. 내가 열아홉 살 때부터, 그때부터 단속이 심해졌지.

보도처럼 전화가 오면 연결해주고 그런 거예요? 그 오빠들은 그걸 전문으로 하는 애들인가봐? 다른 여성들도 그렇게 연결해주고 그랬어요?

　　모르겠는데, 전문적으로 하는 애들인 거 같아요. 여관발이를 보도 식으로 그렇게 불러서 하는 게 아니라, 여관에 대기실이 하나 있어요. 거기 있으면서 거기서 밥 먹고, 소개소 오빠야들 씻고. 한 달 동안 살았어요. 끝나고 나서는 한참 안 했죠.

근데 이게, 처음에 하기는 되게 힘든 일인데, 처음에 보통 다방 일로 시작하거나 그러잖아요? 여관발이는 거의 3종인데, 처음부터 이걸 하려면 너무 힘들었겠다.

　　힘들긴 힘들었죠. 첫 손님부터 아저씨였어요. 그 아저씨를 기억을 하고 있어요. 오빠들한테 삐삐를 쳤죠. 도저히 못하겠다고. 그랬더니, 오빠들 하는 말이, 애인하고 하듯이 하래요. 그래서 싫다고 그랬는데, 오빠가 "너 돈벌고 싶다매?"라고 해서, 알았다고 그러고 했죠. 그래 가지고 500만 원을 벌었는데…….

한 달에 500만 원? 그럼, 한 번 할 때 얼마 받는데요?

　　한 번에 5만 원. 손님이 나 어리다고 해서 20만 원 준 적 있어요.

그럼 한 달에 백 번을 했단 말이야? 하루에 세 번, 네 번 한 거네요. 그쵸?

　　근데 소개비가 500만 원이래요.

말도 안 돼. 번 돈이 500인데 소개비가 500이면 자기네들이 다 하겠다는 거 아냐?

근데 "너는 봐주니까 400만 원 갖고 100만 원 준다"라고 하더라구요.

그래서, 그렇게 했어요?

네.

말도 안 돼.

그때는요, 하나도 몰랐거든요. 그때 당시에는 그렇게 하는 건 줄 알았어요. 그러고 나서 내 전화를 안 받더라구요.

그 100만 원을 할머니한테 다 드렸어요?

네. 한 푼도 안 쓰고.

그렇게 힘들게 벌어서 왜?

팁을 50만 원 정도 받았는데 그건 내가 하고, 100만 원은 다 할머니 줬어요. 내가 번 돈이니까. 할머니가 어디서 도둑질해왔냐고 그랬어요.

이 오빠들 진짜 나쁘다. 자기네들은 아무것도 안 하고 언니가 힘든 거 다 하고 돈은 자기네가 다 가져갔네.

손님들이 다 착했어요.

착하다는 기준이 뭔데?

돈을 많이 줬어요. 5만 원인데도 팁 같은 거 많이 줬어요. 내가 어린앤 줄 알았나 봐요. 나 스무 살이라고 그랬거든요. 왜 뻥치냐고 그러더라구요. 민증 까보래요. 아무 소리 못했어요. '너 미성년자지?' 그래서, 아니요, 그랬어요.

아프거나 그러진 않았어요?

일주일 정도는 많이 아팠어요. 근데 계속 하다 보니까…….

근데 돈을 왜 할머니한테 다 드렸어요? 언니는 할머니가 제일 좋은가봐?

네. 엄마보다. 할머니가 엄마였음 좋겠어요. 그런 마음을 언제 가 졌냐면, 열여섯 살 때부터 그랬어요. 엄마를 싫어했던 게.

왜?

그런 게 있잖아요. 아빠가 없으니까 엄마가 내 보호잔데, 갑자기 학교에서 주민등록등본을 떼 오라고 한 적 있어요. 그래서 뗐는 데, 엄마 이름이 없고 우리 형제들밖에 없는 거예요. 엄마, 엄마 불렀던 사람이 없어지니까 그게 충격이었어요. 그때가 사춘기 올 나이였거든요. 갑자기 고아가 된 기분……. "엄마, 우리 둘 다 올 려주면 안 되나?" 그랬거든요. 엄마가 안 된다고 그러더라구요. "근데 이렇게까지 해야 하나?" 그랬더니 엄마가 새아빠니까 아빠 호적에 내가 올라가는 것은 당연하다, 그래서…….

지금 새아빠한테 호적이 들어가 있어요?

예, 내 딸이…… 내 딸, 내 이쁜 딸. 나 솔직히 17살 때 학교 때려 치고 나와서 집에다 손 안 벌렸어요. 하나라도 내 돈으로 샀거든 요. 그래서 우리 집에서는 나한테 뭐라고 못해요.

그게 엄마에 대한 반감 때문에 그런 거예요? 집에서 나온 게?

네. 그리고 우리 큰오빠, 작은오빠가 집에다 손을 자주 벌렸거든요. 근데 난 그런 거 싫어요. 돈 없는데 계속 돈 달라고 그러는 거. 나 하나 빠지면 안 힘들잖아요, 우리 식구들이. 난 그렇게 생각했거든요. 그때부터 방황을 하고 그랬죠. 자퇴서 내고 나서, 일주일 동안은 집에 있었어요. 오빠들한테 다시 전화를 했죠. 만나서 술 한 잔 같이 먹고, "오빠, 나 다시 시작해야겠다, 근데 전에처럼 그렇게는 하지 말라"고. 그랬더니 알았다고 그러더라구요. 그러더니 소개비 100만 원만 달라 그러더라구요. 알았다고 그랬죠. 그때부터 내가 알았던 거예요. 업주에 대한 그런 거. 그때부터 여관발이 하고.

그때 돈 많이 벌었어요?

600만 원.

한 달에?

네. 그때부터 돈이 많으니까 모을 생각을 안 했죠. 잠깐씩 집에 가서 할머니 얼마 주고, 다시 나오고. 할머니 잠깐 한 시간 정도 보고, "어딜 가냐고 물어보지 말고 쓰라"고, 그러고 "나 갈게" 그러고 나오고. 그러니까 우리 집에서는 그러는 거예요. 내가 여기(완월동) 빚통하고 나서 집에 갔었잖아요. 2년 몇 개월 만에 집에 갔었어요. 큰오빠가 그러는 거예요. "너한테는 할 말이 없다."

가족들이 다 알고 있었으니까.

네. 나는 가끔 가다가 할머니랑 싸울 때가 있어요. 내가 다방에서 200만 원이라는 빚이 있었거든요. 그때 한 번만 도와달라고 그랬거든요. 엄마한테.

다방 일 그만둘려고?

네. 부탁했어요. 빚 좀 까달라고. 그때 오토바이 사고도 났었고.

병원에서 옆에 나보다 한 살 어린애가 있었어요. 그 애가 너무 부러웠어요. 그 애가 고등학생이었으니까. 너무 부러운 거예요. 그래서 다시 학교 갈라고 그랬거든요. 열아홉 살 때 고1로 다시 복학하려고 그랬거든요. 그때 집에서 안 도와줬어요.

돈이 없었나?

아뇨. 우리 작은오빠 일이라면 논도 팔고 그러더라구요.

합의금 마련하고 그런 거요?

네. 내가 도와달라고 그랬어요. 울면서, 다방 일하기 싫다고, 그렇게 울면서 매달리고 그랬는데, 엄마가 모른 척 했거든요.

왜 그러셨지? 딸이라서 그런가?

우리 엄마가 어떤 줄 알아요? 내가 200만 원 진짜 부탁이니까 한 번만 갖다 달라고 울면서 매달렸죠. 근데 엄마가 나한테 그러더라구요. "창녀촌으로 팔려가든 섬으로 팔려가든 니가 알아서 해라. 니가 저지른 일이니까." 그 말 듣자마자 내가 "씨발, 작은오빠는 맨날 구치소 들어갔다 나왔다 하면 합의금 준비한다고 논도 팔고 그러는데!" 내가 그러면서 링겔을 빼버렸거든요. 내가 "씨발! 알아서 할 테니까 신경 쓰지 마!" 그랬어요. 할머니한테도 무슨 말을 못했어요. 할머니는 돈이 없으니까.

그때가 처음이었거든요. 집에 손 벌린 게. 그게 처음이자 마지막이었을 텐데. 큰오빠가 지금 그래요. "그때 200만 원만 있었으면 도와주는 건데, 미안하다"고. 우리 집에서는 항상 나한테 뭐라고 못 해요. 양말 하나도, 속옷 하나도 내가 일해서 내가 샀으니까. 나한테 뭐라고 하잖아요? 그럼 난 이래요. "나 열일곱 살 때부터 나한테 뭐 해줬는데? 나 손 한 번도 안 벌려봤다. 오빠들은 뭔데? 나 고등학교 안 나왔어도 오빠들처럼 그렇게 안 산다." 내가 고등학교 나왔으면 다른 일 할 수도 있었겠지만. 오빠들은 중졸이지만 검정고시 해갖고 붙었거든요. 나 오빠들처럼 학교 때려 치고 나서 집에 해 같은 거 안 준다고, 내가 알아서 하지 내가 오빠한테 손 벌린 적 있냐고. 그래서 집에서 나한테는 아무 말도 못해요.

내가 쉼터 들어오고 나서 처음 집에 갔을 때, 오빠가 나한테 미안하다고 그랬어요. 오빠가 날 부르더라구요. 원래는 내가 집에 가면 투명인간이에요. 식구들이 "왔냐" 그런 소리도 않구. 근데 그날은 큰오빠가 일 끝나고 씻고 나서 나를 부르더라구요. "○○야", 내가 "왜?" 그랬더니 오빠가 "진짜 미안하다. 일이백이면 한 번 해볼려고 그랬는데, 오빠가 정말 미안하다"고 그러더라구요. "나는 너한테 할 말이 없다. 내가 도와준 것이 없으니까." 완월동에 있을 때, 다른 언니들은 집에 빚 까달라고 말하더라구요. 부러웠어요, 솔직히. 나는 그럴 여건이 안 되니까. 오빠가 "미안하다" 그러면서 안아주더라구요. 우리 큰오빠가 아빠랑 똑같거든요. 붕어빵이거든요, 진짜. 오빠 품에 안겼는데, 아빠 품에 안긴 것 같았어요. 울었어요. 아니라고, 오빠가 나 그렇게 생각해주면 고맙다고. 내가 빚진 거 내가 깔라고 했고, 땡전 한 푼 안 들이고 나오지 않았느냐고. 그리고 소리 안 내고 눈물 흘렸는데, 오빠가 큰소리로 울라고 그러더라구요.

오빠하고는 풀린 거예요, 그날?

네. 오빠들이 진짜 미웠었거든요. 조금만 집에 돈 안 밝혔으면 나았을 건데, 진짜 많이 울었어요. 그때 오빠 품에 안겼을 때, 이런 생각을 했거든요. 하나님, 이게 꿈이라면 영원히 안 깨길 바란다고. 아빠 생각이 진짜 많이 났어요.

작은오빠는, 지금도 생각하면 희한해요. 일주일 전에, 집에 전화를 했어요. 우리 작은오빠가 받더라구요. "오빠 집에 있어?" "어" "할머니는 있어?" "없어" "밥은 먹었고?" "이제 먹어야지. ○○야, 언제 오냐?" 그 말이 있잖아요, 옛날 같았으면 오빠가 그냥 끊어버리거든요. 할 말만 하고 끊어버리는데, 그때는 언제 오냐고 해서 "응, 갈거야" 그랬어요. "여자친구랑 잘 돼가?"라고 물었더니 "깨진 지가 언젠데" 그러더라구요. "여자친구 또 만들어야지" 그랬더니 "아직 생각 없다" 그러는데, 그 대화가 너무 좋았거든요. "언제 오냐?" 그 소리도 좋았고. 옛날에 못 느껴본 그런 느낌. 그래서 너무 좋았어요.

글 보니까, 되게 이상한 손님 많았더라. 경찰하고 의사, 그 의사 완전 또라이야.

그 손님이 산부인과 의사였거든요. 근데 진짜 날 후벼 파고 그랬어요. 산부인과 의사면, 그렇게 후비면 여자한테 상처 난다는 것을 알거든요. 근데 그것을 즐긴대요. 여자 것을 그렇게 보는 것도 즐기고 그런대요.

그럼 술3종이 제일 일하기 힘들었어요?

네.

거기는 쇼도 많이 하죠? 그래서 힘들었나?

내가 쇼를 일주일 만에 8개를 배웠거든요.

쇼 너무 신기하더라. 병따개쇼 이런 것도 있고. 병이 어떻게 따져요?

옆에 있는 사람이 막 흔들어요. 오프너 있잖아요? 화장지에 술을
적셔서 오프너를 싸서 쑤셔 넣거든요.

병을 손으로 따도 따기 힘들잖아요? 그게 어떻게 돼요? 연습하면 돼요?

난 쇼를 8가지를 할 수 있거든요. 병따개쇼, 계란쇼, 촛불쇼, 불쇼,
총쇼…….

총쇼는 뭐예요?

담배로 총 쏘는 거예요. 밑에 넣어가지고. 담배쇼도 있거든요, 밑
으로 담배 피는 거. 동전쇼는 동전을 밑에다 넣어서 하나씩 빼는
거예요. 힘들어요, 그게. 무지하게 힘들거든요.

상처 안 나요?

상처 많이 나지요.

근데 사람들이 뭐 서커스를 보러오는 것도 아니고, 왜 술 먹으러 와서 그런 걸 볼라
고 하지?

신기하잖아요, 밑으로 하는 게. 나 밑으로 글씨도 쓸 수 있거든요.
붓을 넣어가지고 쓰는 거예요.

쇼를 해야지 돈을 많이 벌 수 있어요?

　　팁을 받으면 내 것이 아니에요. 업주한테 줘야 해요. 그 대신 인정을
받지요, 주인한테. 한 번은 그 팁을 주인한테 안 줬다가 맞았어요.

아, 글에 있는 그 사건이요?

　　다른 아가씨가 도망간 적 있는데, 도망가서 딱 10분 만에 잡혀왔
어요. 그리고 한 시간 동안 맞았어요. 그 아가씨가 빚이 4천 5백인
가 그랬어요. 내가 한 달 뒤에 맞았죠. 지하실에서. 딱 이만하다.
업주가 "세숫대야(얼굴) 때리지 마라" 그래요. 각목 갖고, 욕하면
서 때려요. 그래서 일주일 정도 쉬었어요.

신고할 생각은 못했어요?

　　신고 못해요. 그런 거 있어요. 경찰서에 신고하면 업주하고 경찰
하고 아는 사이기 때문에 좆돼요.

여성단체는?

　　난 그때는 여성단체 못 믿었어요.

뉴스 보면, 여성단체에서 여성들 구해주는 것도 보여주고 그랬는데, 그런 거 못 봤
어요?

　　봤어요. 근데 못 믿었어요.

그럼 처음에 '살림' 왔을 때도 못 믿었겠네?

　　솔직히 처음에 여기 온 건 돈 받을라고(시범사업 생계비)……. 근데
샘이 믿으라고 했는데, 믿음이 갔어요. 술3종에 있을 때 여성단체
에서 왔었어요. 그때 그 샘들이 그랬거든요. 업소에 와서. 근데 난

여성단체가 힘이 없을 줄 알았어요. 지금 생각하면 힘이 강해요.

글 보니까, 자해 말고 자살시도도 많이 했네요? 완월동 있을 때. 난 그건 몰랐는데.

　수면제 같은 거 있잖아요? 내가 약국을 몇 군데 들렀거든요. 약국에서 열 알까지만 팔고 안 팔거든요. 한 달 만에 60알을 모았거든요. 술 먹고 나서 먹었어요. 근데 안 죽더라구요. 많이 힘들고 그랬는데…….

마지막으로 완월동에서 나오기 전에 술 먹고 날 한 번 부른 적 있잖아요? 우리 처음으로 술 먹고 이야기한 날. 그때 자기가 그랬다? 자기 몸이 너무 싫다고. 기억나요?

　내 몸이 싫어요.

지금도?

　아뇨. 지금은 내 건데 왜 싫어요.

그럼 예전엔 자기 것이 아니라서?

　네. 한마디로 노예였으니까. 남자의 노예였으니까.

시키는 대로 해야 되고 그래서?

　내 건데, 내 것이 아니고, 그때는 빚이 있었으니까. 내 몸은 한마디로 업주 거잖아요. 자기들이 나를 샀으니까.

팔에 칼로 그은 게, 그거 때문에 그런 거예요? 몸이 싫어서?

　네. 내가 그때는 미쳤어요.

그러니까 긋지, 이 아픈 거를.

　미쳤어요, 진짜. 한 번 슥 그었는데 피가 보이더라구요. 또 한 번 슥 그었어요. 근데 그때는 그 피를 즐겼어요. 내 몸에서 피가 나온다는 거를 즐겼어요. 좋았어요, 솔직히.

왜 좋았어요?

그냥, 그때는, 모르겠어요. 좋았어요. 계속 그었죠. 긋고 나서 팔을 상에다 올려놓고. 애도 많이 떼고 그래가지고 내 몸이 너무 싫었어요. 더럽고. 내 몸이 그때는 너무 더럽게 생각됐거든요. 그런데 더러운 피가 몸에서 나오는 그런 느낌…… 그런 느낌이었을 거예요, 아마.

그때 안 아팠어요?

안 아팠어요, 술 취해서. 솔직히 안 아팠어요. 그으면서 웃었어요.

그땐 혼자서 외출 못했어요?

처음 와서 일 년 정도는 나 혼자서는 못 돌아다녔어요. 그러고 나서 일 년 넘으니까 혼자 다니게 해주더라구요. 도망갈 수도 있었어요. 근데 도망가도 어차피 잡히잖아요. 어떡하는 줄 알아요?

여기 완월동 ○○관에서 아가씨가 도망갔었어요, 두 명이. 근데 잡혀서 빚을 두 배로 갚고 그랬거든요. 또 두 명이 도망갔는데, 그 두 명이 경찰서에 신고를 했어요, 서울에서. 외출도 안 되고 그랬다고 신고를 했나 봐요. 창살 없는 감옥이라고 그랬나 봐요. 근데 사장이 우리한테 (거짓 진술을) 시켰어요. 한마디로 다 짠 거죠. 업주가 아가씨들하고 입을 맞췄어요.

그래서 언니도 조사받았어요?

네. 똑같은 말을 해야 하니까. 그때 난 솔직하게 말하고 싶었거든요. 그런데 업주가 쳐다보고 있어서…….

업주가 옆에 있었어요? 그건 경찰이 잘못했네. 따로 조사를 해야지. 처음에 내가 언니한테 쉼터 들어오시라고 말 했잖아요? 근데 자기가 자꾸 미뤘잖아요. 왜 그랬어요? 무서워서?

네. 내가 과연 거기 들어가서 무엇을 할 수 있을까. 그런 게 걱정이 됐어요. 내가 이렇게 쉼터에서 잘 살고 있는 게 신기해요.

쉼터가 처음엔 어땠어요? 적응하기 힘들진 않았어요? 단체생활이니까. 그동안 혼자서 지냈는데.

네. 그거는 힘들었어요. 전에는 내 방이 있었으니까. 여기는 단체생활이라 좀 힘들기는 했지만 내가 막 걱정하니까 언니들이 힘내라고 하고, 일 잘 풀릴 거라고 하고 그랬죠.

세상 사람들한테 하고 싶은 이야기 있어요?

중학생부터 대학생까지한테 할 말 있어요. 2005년 3·8 여성대회 때 유인물을 나눠주면서 고등학생들한테 했던 말인데, PC방에서 원조 그런 걸로 만나는 것도 진짜 안 좋거든요. 그것도 한마디로 유흥업소거든요. 개인 사업이지만. 돈을 쉽게 번다고 유흥업소에 달려드는 사람도 있는데, 그러지 않았으면 좋겠어요. 저처럼 되니까. 지금은 행복하지만, 내가 그 많은 세월을 겪어 왔으니까. 말리고 싶어요.

빚 없이 일하는 것도?

빚 없이 일하면 좋은데, 빚 안 지란 법은 없거든요. 언젠가는 빚지거든요. 언젠가는. 빚 안 지면 정말 다행이죠. 빚지고 그럴까봐 걱정이에요, 저는. 지금 막 사회 나와서 그런 데 다니는 애들 많잖아요? 그런 애들이 참아줬으면 좋겠어요.

백주공주 언니는 완월동에서 술을 마신 채로 상담원을 언니 방으로 불러서는 아픈 속내를 털어놓았답니다. 언니 속내를 처음 알게 된 그날은 칼자국이 여기저기 남은 손목을 잡고 함께 울면서 다시는 언니 자신을 아프게 하지 않기로 손가락 걸고 약속을 했습니다. 그리고 약속대로 언니는 그 후로 다시는 자신의 손목을 긋지 않았어요. 쉼터에 와서도 어린 나이지만 다른 동생과 언니들을 배려하면서 밝게 지내셨어요. 쉼터에서 다른 언니들이 술이 취해서 백주공주님을 구타한 사건이 있었는데, 우리들도 용서하지 못하는 그 언니들을 백주공주님은 용서했습니다.

눈물샘고장;

그동안 힘들었고 지치기도 하고 서러웠지만 그 사람들 손안에서 벗어났
다는 게 뿌듯하고 마음이 편하다. 공부도 하고 싶고, 평범하고 행복하게
내 미래를 가꾸어나가고 싶다. 지금은 마음 편히 쉼터라는 곳에서 보호받
고 있다. 단체생활이라 힘든 점도 있지만 마음에 맞는 사람들도 있고 지
금 현재 걱정거리가 없다는 게 제일 편한 것 같다.

후회로 남은 시간들

사랑받고 싶었던……

열여섯 살 때였다. 그전에는 아빠 말도 잘 듣고 사고라는 걸 모르고
지내왔는데, 열여섯 살 이후로는 내가 조금씩 변해가고 있었다. 처음에
는 학교에 가는 것이 즐겁고 좋았는데 아이들이 엄마 없는 애라고 많이
놀리기도 했고, 나를 싫어하면서 왕따를 당하게 되었다. 한두 번 학교에
빠지다 보니 학교에 안 가고 노는 게 좋았고, 차라리 학교를 때려치우고
싶다는 생각이 들었다.

세 살 때 아빠와 엄마가 이혼을 하셨고, 그 후로 엄마라는 존재는 모
르고 살아왔다. 엄마가 너무 얄밉고 싫기도 했다. 어린 나이에 엄마가
찾아온다면 "아줌마 누구세요? 저 아세요? 저는 엄마라는 존재 몰라
요" 이렇게 대답을 하겠다는 생각도 했었다. 왜 우리를 버리고 갔는지

그 이유도 알고 싶었고, 엄마를 용서하고 싶지 않았다. 여름이 되어 학교는 방학을 했고, 집에 늘 혼자 있어야 하는 것이 너무 싫었다. 아빠는 매일 잔업에 야근 출장을 가셨기에 오빠와 나는 항상 둘만 있었다. 오빠도 학교에서 늦게 오고 아르바이트도 하느라 집에는 밤 12시가 넘어 들어오곤 했다. 집이 싫었다. 혼자 있는 것도 싫고 무섭고 숨이 탁 막히는 기분이었다. 그래서 집에는 잘 안 들어가고 친구들과 게임방에 가서 채팅을 해 남자들을 만나 술도 마시고 친구 집에서 많이 잤다. 이런 생활이 자꾸 반복되다 보니 학교에 안 가고 술 마시고 다니는 걸 아버지께 들키게 되었다.

아빠의 직업은 선박외항 수리업으로, 외국 배나 외항선 등의 배를 고치는 일이다. 그러다 회사는 부도를 맞았고, 회사를 일으키려 직업을 몇 차례 옮겨 다니면서 월급은 다 부도 맞은 회사를 일으키는 일에 쓰였다. 용돈은 오빠나 내가 아르바이트를 해서 버는 것이 전부였고, 아버지는 생활비마저 주지 않으셨다.

집안이 엉망진창으로 돌아가자 난 변할 수밖에 없었다. 신경 써주는 사람도 없었고 사랑을 못 받고 자라서 그런지, 사랑받고 싶었고 자꾸만 망가지게 되었다. 아빠는 그런 내 마음을 아시는지 모르시는지 혼내기만 했고 결국 책, 가방, 교복까지 다 태워버리셨다. 화가 났다. 오기도 생겼다. 오기로라도 학교에 가겠다는 말을 한 번도 하지 않았다. 학교를 그만두고 뭘 해야 할지 고민 끝에 아르바이트 자리를 구하러 다녔다. 나이가 어려서 받아줄까, 라는 생각도 해보았지만 식당에선 받아주었다.

일주일 정도는 지각도 안 하고 일찍일찍 나가서 청소도 미리 하곤 했는데, 어려서 그런지 놀고 싶어졌다. 어린 나이에 내가 뭘 하고 있는지, 공부할 시기에 이래야 하는지 후회도 했지만 이미 늦은 뒤라 앞일에만 신경 쓰기로 했다.

식당에서 일한 지 3주 만에 그만두었다. 왠지 그땐 노는 게 제일 중요했다. 놀다 보니 집에는 서서히 안 들어가게 되었고, 잘 곳이 없어 숙식이 되는 주유소에서 일을 하게 되었다. 거기도 똑같았다. 갑갑하고 답답하면서 일만 해야 했다. 일이 끝나면 12시쯤 되었는데, 그 다음날 7시에 일어나야 하기 때문에 늦게까지 놀 수도 없었고 놀 사람조차 없었다. 나와 같이 주유소에서 일했던 친구들은 용돈이 없거나 아님 나와 비슷한 처지에 있던 아이들이었다. 부모님이 싫고 집도 싫어 어린 나이에 일을 하며 돈을 벌곤 하였다. 그 주유소 소장은 하루 번 돈을 총무 몰래 빼가서 도박하는 데 쓰거나 술을 마시는 데 쓰곤 하였고, 들통이 나면 주유소에서 일하는 알바생에게 떠밀곤 하였다. 정말 소장은 더러우면서도 온갖 나쁜 일만 하는 것 같았고, 자기 자식뻘 되는 아이들에게 자기 죄를 떠미는 게 보기 싫었고 추해보였다.

2개월쯤 일을 하고 친구들과 쉬는 날이라서 시내에 놀러 나갔는데, 길거리 화장품 홍보를 하는 사람들을 우연히 만나게 되었다. 그때는 나이도 어리고 어른이 빨리 되고 싶은 마음에 홍보행사에 참여했다가 미성년자라는 걸 들켜버렸다. 그런데 그 홍보가이드 사장님이나 그 외 다른 사람들은 우리를 혼내기는커녕 일자리를 주겠다며 일을 한번 해보지 않겠냐고 권유를 했고, 나와 친구들은 승낙을 하였다. 홍보가이드 사장님과 얘기를 끝마치고 시내에서 놀다가 다시 주유소에 들어갔다. 홍보가이드를 할 것인지 아님 주유소에서 일을 할 것인지 고민 끝에 주유소를 그만두는 쪽으로 결정을 했고, 소장님께 말씀드렸다. 하지만 소장님은 화를 내며 일을 못 그만두게 하려 했고, 우린 고집 끝에 그만두고 홍보가이드 일을 시작했다. 힘들기도 하고 서럽기도 하고 사람들이 미웠다. 어떻게 사회생활을 하는지도 몰랐다. 그 정도로 순진했고 사회에 대해 두려움도 있었다. 가이드 일을 2주일 만에 관두었다. 몸도 지치고 하루 종일 서서 멘트도 날려야 하고 날씨도 무척이나 추웠다.

월 200, 숙식 제공

견디기가 힘들어서 그만두고 집에 들어갔지만, 집에서 나에게 돌아온 건 차갑고 얼음장 같은 식구들 마음이었다. 나와 말도 섞으려고 하지 않았고, 나를 짐승만도 못하다는 식으로만 봤다. 집에 있기 싫었다. 숨이 탁 막혀 죽어버릴 것만 같았다. 세상에 이런 가족들이 있나 싶었다.

오빠는 학교 끝나면 아르바이트 갔다가 운동을 갔다 들어왔고, 아빠 하루 종일 일만 하시다 퇴근 후 술이 떡이 되어 들어오셨다. 술이 떡이 되어 들어오실 때면 매일 나에게 "친엄마 닮아 가냐! 집이 싫으면 니 엄마 찾아나가라. 좆같은 년, 씨발년……" 이런 말을 하시곤 하였다. 속상했다. 매일 혼자 울었다. 이불 덮고 입 막고 울거나, 화장실에서 물 틀어놓고 펑펑 울었다. 도저히 이렇게 숨 막히는 곳에서 살기가 싫어 한 달 만에 집을 나오게 되었고, 일단은 친구 집에 잠시 머물렀다. 친구 어머니가 포장마차를 하셔서 안 들어오시는 날이 많았고, 친구와 난 놀러 다니기에 바빴다. 놀러 다니는 그 순간은 행복했다. 그 행복도 잠시, 2주일이 흐르고 아침부터 그 다음날 오후까지 놀다 친구 집에 들어갔는데, 친구 어머니께서 계셨다. 여자애들이 어딜 싸돌아 다니냐면서 화를 내셨다. 친구 어머니께 두들겨 맞고 나는 그 집에서 쫓겨났다. 니가 어디서 뭐하고 다니는지를 집에 알리겠다는 친구 어머니의 말씀에 난 나와야만 했다. 2003년, 열여덟 살 봄이었다.

PC방에서 메신저를 하던 도중 '월 200~500과 숙식 제공, 6:4, 재료비 없음'이라며, 일해볼 생각이 없냐는 쪽지 하나가 왔다. 월 200~500만 원이라는 액수도 컸고 마땅히 지낼 곳도 없던 터라 호기심에 다방에 가게 되었다. 차비도 없고 다방 위치도 멀었던 터라 업주에게 데리러 와달라고 부탁을 했고, 업주는 흔쾌히 데리러 오겠다면서 역 앞에서 만나자고 했다. 저녁에 데리러 오겠다며 나중에 다시 통화하자고 하였고, 나는 친구에게 아는 언니 집에서 자고 오겠다며 업주와 약속한 시간보다 한 시간 일찍 나가 밖에서 떨어야만 했다. 내가 다방에 가서 일을 하게 되는 걸 친구가 알게 되면 분명히 말릴 테고 집으로 돌려보낼 것 같아서 일찍 나가서 밖에서 떨었던 것이었다.

시간은 흘러갔고 내 마음은 불안해지기 시작했다. 8시 50분쯤 업주에게 전화를 걸었다. 어디까지 왔는지 궁금했다. 혹시나 장난으로 쪽지를 보내진 않았을까? 괜한 생각이 들어 전화를 하였던 것이다. 업주는 거의 다 왔으니 조금만 기다리라고 하였고, 전화통화가 끝나자 스포츠카 한 대가 내 앞에 멈췄다. 그 스포츠카에서 젊은 남자 두 명이 내렸고, 나에게 다가왔다. 나는 겁이 먼저 났다. 내가 괜히 잘못 생각하고 있는 건 아닐까? 그냥 집으로 돌아갈까? 그 짧은 시간 동안 내 머릿속에 후회란 단어가 떠올랐고, 남자 둘은 나에게 성큼성큼 다가와 "○○씨? 우리는 ○○에서 ○○씨 연락받고 왔는데 갈까요?" 두 남자 중 한 명이 나에게 말을 하였고, 난 생각도 없이 그 사람들 차에 타고 전라도 ○○까지 가게 되었다. ○○으로 가는 도중 가게 아가씨들이 전화하여 "새로 오는 아가씨 이쁘냐? 사이즈는 어떠냐"면서 이것저것 물어보는 것을 들을 수 있었고, 그 사람은 "보통이다"라며 "가게에서 보자!" 하면서 통화를 마쳤다. 전라도 ○○까지 가는 차 안에서 아무런 말도 하지 않았다. 두려움과 무서움이 있었기 때문이다. 업주는 나에게 다정하게 "밥 먹었어요? 뭐 먹고 싶은 거 없어요? 많이 피곤하죠?" 등등의 말을 걸어왔다. 난 "아니요"라는 대답만 할 뿐 묵묵히 앉아 있었다. 가게에 도착했는데 내가 예상했던 것과는 영 달랐다. 나는 가게가 크고 테이블도 많고 아가씨들도 많고 다들 착하겠지, 라고 생각했는데 그 반대였다. 가게는 단층이고 테이블은 하나에 가게 안은 지저분했다. 방 두 칸에 아가씨들은 3명이 있었고, 다 어려 보였다. 내 또래이거나 언니였다.

아가씨들이 대충 자기 소개를 하였다. 아가씨들 나이는 열여섯 살, 스무 살이었고 한 사람씩 돌아가며 나갔고 나는 혼자 방에 앉아 있었다. 업주는 오늘은 그만 자고 내일부터 정식으로 일하자며 "옷은 있냐? 화

장품은 있냐' 등을 물어보았다. 나는 옷은 딱 두 벌만 가져갔었고 화장
품은 그 전에 화장품 홍보가이드 할 적에 미리 사두었던 것을 챙겨온 터
라 화장품은 살 필요가 없었다. 난 업주에게 화장품은 있는데 옷이 없다
고 했고, 업주는 옷은 자기가 사주겠다며 조금만 기다리라고 하였다. 말
이 끝나자 이불과 베개를 주며 자라고 하였다. 그 ○○다방 숙소는 가게
안에 있었고, 업주와 카맨과 아가씨들이 한방에 같이 잤다.

그 다음날 아침 일찍 깨우진 않고 오전 11시에 깨우며 출근 준비를
하라 하였다. 그 다방은 오후 12시에 가게 문을 열고 새벽 5시에 가게
문을 닫곤 한다며 스무 살짜리 언니가 말해주었다. 동생과 언니들이랑
친하게 되었고, 첫 배달을 가게 되었다. 오봉이라는 것을 싸본 적도 없
던 터라 헤매는데 업주와 스무 살짜리 언니가 오봉 싸는 법을 알려주었
고, 배달을 가면 "오빠 오빠" 하면서 손님이 하라는 대로만 하고 5분 안
에 나와야 한다고 하였다. 그 말을 들은 순간 긴장도 되어서 무거운 마
음으로 첫 배달을 나갔다.

처음이라서 그럴 거야

부동산 같은 사무실에 배달을 갔는데 할아버지들만 계시는 거였다.
공손히 인사드리고 커피를 타서 드리고 얌전히 앉아 있는데 한 할아버
지가 내 가슴을 슥 만지는 거였다. 난 당황스럽고 무서워 "왜 이러세
요?"라고 말하면서 울어버렸고, 할아버지들은 장난이라면서 내 허벅지
와 가슴을 계속 만졌다. 난 정말 그 자리가 싫었고, 순간 내 자신이 더럽

다는 생각도 들었다. 계속 할아버지들이 장난을 쳤고 난 그 자리에서 뛰쳐나왔다. 물론 커피값은 안 받고 오봉만 챙겨서 나왔다. 차에 타자 카맨은 "처음이라서 그럴 거야. 근데 너 좀 늦게 나온 거 알지?" 하고 일찍 나오라며 가게로 들어갔다. 가게에 들어오니 업주는 커피값을 받았냐고 물어보았고 난 안 받고 그냥 나왔다, 무서워서 뛰쳐나왔다고 솔직히 말했다. 업주는 "쌍년아! 니가 제정신이냐? 커피를 팔러 갔음 돈을 받아와야지 그냥 오냐? 미친년, 너 존나 어이없다. 니가 커피값 안 받아오면 거기에 배로 빚 올라가니까 잘해라. 내 잘못이 아니라 니 손해니까"라고 했다.

업주는 아가씨들을 돈으로 봤다. 저녁 7시부터 주점에 다 내보냈다. 몸을 못 가눌 정도로 술을 마시고 들어와도 또 다른 주점이나 티켓을 내보냈고, 힘들게 벌어 온 매상을 나도 모르게 업주와 아가씨들이 돈을 가져가고는 모르는 척을 하여서 잃어버린 매상은 나에게 빚으로 남게 되었다. 일주일쯤 흘렀다. 업주는 아가씨들이 혹시나 도망을 가진 않을까 싶어 감금을 시키고 슈퍼나 화장품 가게를 갈 때에는 카맨과 동행하게 하였다.

어느 날 일을 마치고 심심한 터라 업주를 졸라 게임방을 갔는데, 게임방에서 날밤을 새게 되었다. 밖에서 밤을 새게 되면 업주에게 혼날 거라는 걸 예상하고 아가씨들과 함께 게임방에서 놀다가 아침에 목욕탕을 갔다. 잠깐 잠을 잔다는 게 어느덧 시간은 12시 30분이 되어 있었고, 아가씨들과 나는 겁이 나기 시작했다. 아가씨들이, 전에 있던 아가씨가 일을 못하겠다고 하면서 업주에게 그만두겠다고 하니 업주가 그 아가씨를 다짜고짜 구타를 했던 적이 있었다고 하였고, 외출을 나갔다 조금만 늦게 들어오면 심한 욕설과 구타가 있었다면서 겁에 질려 떨기 시작했다. 나와 아가씨들은 업주에게 구타를 당할까봐 두려워 목욕탕 안에서 죽치고 있었다. 결국 "그만두고 다른 곳으로 가자"라는 아가씨들 말에 내 귀는 쫑긋 기울어졌고, 그만두겠다고 다짐을 하고 가게에 들어왔다. 업주는 우리를 보고 왜 이렇게 늦게 왔냐면서 시간비를 올린다며 한 사람당 40만 원을 올렸고, 우린 업주에게 조심스레 그만두면 안 되겠냐고 말했다. 업주는 "이런 개 같은 년들이! 죽고 싶냐!"면서 물건을 집어던졌고, 짐승만도 못한 년들이라면서 계산을 봐주겠다고 장부를 들고 왔다. 장부를 정리하면서 "너넨 나 같은 업주 만나기 어렵다"라며 째려보고 주먹을 쥐었다 폈다 했다.

계산을 다 봤는지 한 사람씩 불러 빚이 얼마라는 걸 알려주었다. 나는 처음에 선불도 안 땡겼고 옷밖에 안 샀던 터라 10만 원 정도 빚이 있겠구나 생각했는데, 아니었다. 내 빚은 경비, 옷(10만 원), 지각비, 미수금에다가 달이 끝나는 날짜까지 빚을 더 올려서 900만 원이었고, 900만 원이면 다른 다방에서 안 사갈 것 같다며 빚을 200만 원으로 줄여 주었다. 업주가 다른 지방의 아는 업주에게 연락해 우리를 팔아넘기기로 했다. 나는 그때 무서웠고, 내가 여길 왜 들어왔는지, 탈출하고 싶다는 생각밖에 안 들었다. 다른 사람에게 도움을 청하고자 연락을 해 보았지만 다들 매몰차게 연락을 끊어버렸고, 마지못해 팔려가게 되었다.

빚통 아닌 빚통

　다른 아가씨들은 500만 원에 거제도로 팔려갔고, 나는 전라도 ○○으로 200만 원에 팔려가게 되었다. △△업주가 나에게 말하기를, 만약 ○○업주가 200만 원을 어디다 썼냐고 물어보거든 화장품이랑 옷과 신발을 샀다고 하라고 하였다. 안 그러면 ○○업주가 너 안 데리고 갈 거고, 그러면 너는 섬에 팔려가야 된다며 협박을 하였고 나는 그 협박에 못 이겨 △△업주 말대로 ○○업주에게 그대로 말하였다. ○○업주는 나를 빤히 쳐다보곤 씨익 웃으면서 밥 한 끼 먹고 가자고 했다. 식당에서 밥을 먹고 짐을 챙겨 ○○으로 가게 되었다. ○○에 와서 업주는 돈을 어디에 썼냐면서 물어보았고, 나는 △△업주가 화장품이랑 옷과 신발을 샀었다고 말하라고 시켰다고 있는 사실을 다 말하면서 울어버렸다.

　집에 가고 싶지만 아빠가 초등학교 4학년 때부터 가슴을 만지고 키스도 하는 게 싫었고, 도망을 가거나 울면 머리카락을 휘어잡고 칼을 들며 같이 죽자고 협박을 하곤 했다. 어릴 때부터 아버지가 성폭행을 하려 했었고 구타를 자주 해서 집에는 들어가고 싶지 않다고 내 속마음을 털어놨다. 업주는 불쌍하고 안타깝다고 하면서, 빚통을 쳐주겠으니 걱정 말라며 다독여주었다. 이틀 뒤에 빚통을 쳐주었는데, 나에게 성관계를 요구해왔다. 얼마나 어이가 없고 기가 차던지……. 아무 말도 안 하고 TV만 유심히 보는데, "내가 니 빚통도 쳐줬는데 빚통 쳐준 사례는 해야 하지 않냐"면서 성관계를 계속 요구했다. 난 두 눈 꼭 감고 미친개에 물렸다 치는 셈으로 요구를 들어주었다. 그리고 3일 뒤 일을 다시 시작하였고, 업주는 2차를 나가라고 강요하고 빚통에 대해 들먹이기도 하였다. 비록 빚통은 했지만 난 빚통이라 생각 안 하고 빚을 갚기로 하고 두 눈 딱 감고 2차도 나가고 노래방 시간도 나갔다. 몸이 아프든 말든 신경도 쓰지 않고 오로지 돈만 생각했다. 하지만 4개월을 일했는데, 돈은 한 푼도 받지 못하고 팁으로만 생활해야 했다.

아가씨들은 하나둘씩 빠져나가 나 혼자만 남게 되었고, 혼자 가게 주방보고 배달 뛰고 시간 나가면서 지내오던 중 스물다섯 살 정도의 여자가 일을 하겠다며 찾아와서 같이 일을 하고 같이 살게 되었다.

그 언니는 처음엔 착한 척, 배려해주는 척을 하다가 뒤에선 내 지갑에 있는 돈을 다 가져가고 내가 몸이 아프거나 시간을 안 나가면 두들겨 패면서 시간 나가서 돈 벌어오라며 강요, 협박과 구타를 하였다. 도망가고 싶었고 벗어나고 싶었지만 도망가다가 잡히면 섬으로 팔려갈 것 같아서 꾹 참아가며 일을 하였다. 두세 달이 지나자 언니는 술 한잔하자며 날 조용히 불렀고, 도망가고 싶지 않냐면서 "언니랑 가자"라고 째려보며 강요를 했다. 난 언니가 무서웠고, 맞기 싫어서 언니를 따라나섰다.

새벽이라 차도 없는데 택시를 불러 전라도 ○○로 야반도주를 하였다. ○○에 도착하자 택시 기사가 언니와 나를 기다리고 있었다. 그 택시 아저씨는 삼촌이라면서 언니와 나를 마중 나왔던 것이고 ○○의 한 모텔로 갔다. 거기엔 40대 후반 정도 되어 보이는 아저씨가 있었는데, 언니는 그 남자를 보자 눈물을 흘리며 용서를 빌었다. 나는 이유조차 알 수 없던 터라 묵묵히 지켜만 보았고, 40대 후반의 그 삼촌은 언니를 혼내기 시작했다. 알고 보니 언니는 탕치기, 그 외 사기죄로 기소중지가 떨어져 이리저리 도망을 다녔던 것이다. 삼촌은 언니를 도와주려고 찾다가 포기했다면서 이제라도 돌아왔으니 용서해주겠다며 어떻게 해서 ○○까지 오게 되었는지 물어보았다. 언니는 대충 ○○업주가 돈도 안 주고 일만 시켜서 도망왔다며 일자리를 구해달라고 했다. 알고 보니 40대 후반의 그 삼촌은 소개쟁이였던 것이었다.

그 삼촌이 있던 곳은 소개소를 타는 사람들의 숙소였고, 나와 언니는 그렇게 거기서 지내게 되었다. 일주일 정도 시간이 흘렀고 나는 ○○의 ○○다방에 일을 가게 되었고 언니는 다른 다방에 가게 되었다. 언니와 나는 서로 다른 곳에 일을 맞추었기 때문에 볼 수도 없게 되었고, 본다 해도 한 달에 한 번이나 두 번쯤 보게 되었다.

한편으로는 언니를 안 본다는 생각에 좋았는데, 또 한편으로는 새로운 곳에서 적응이 잘 될지, 손님들은 어떨지 궁금하면서도 불안하고 걱정이 됐다. ○○다방 사장이 소개소 숙소로 찾아왔다. 선불금 문제도 그렇고 일하게 될 아가씨가 궁금했는지 얼굴을 보고자 왔다고 하였다.

나는 나이도 어렸고(당시 18살) 성격도 내성적이라 낯가림이 심했고 말이 없다 보니 ○○다방 사장은 나를 무척 마음에 안 들어 했다. 선불을 땡겨준다 했지만 빚이 된다는 생각에 선불을 땡기고 싶지 않았고 옷도 있었고 화장품도 있어서 필요한 건 나중에 일하면서 사겠다고 하니 그렇게 하라 하였다. 그날 저녁부터 일을 나와 줬으면 좋겠다고 나에게 부탁을 하였고 나는 소개소 삼촌 눈치를 봤는데 소개소 삼촌이 그렇게 하라는 눈치를 주어 그렇게 하겠다 하였다. 저녁이 되었다. 솔직히 떨렸고 도망가 버리고 싶었다. ○○에서 4개월 동안 돈 한 푼도 못 받고 일을 하다 보니 사람도 못 믿겠고 차라리 도망이라도 가고 싶었지만 갈 곳도 없었고 집에 들어가자니 아빠에 대한 두려움에 그냥 참고 일을 해야겠다고 생각했다.

버티고, 살아내기

그 ○○다방이라는 곳은 2층에 있었고 가게 안은 크고 아가씨들도 많았다. 출근 시간은 오전 9~10시. 야간은 9시부터 그 다음날 아침까지 일을 하였고, 사장님은 무척 좋아 보이셨는데 주방이모라는 사람은 별로였다. 주방이모는 아가씨들에게 차별대우가 좀 심했고 막 대하는 타입이었다. ○○다방에서 일을 하면서 별 희한한 손님들을 보곤 했다. 배달을 가면 몸을 더듬는 사람, 욕으로 시작해서 욕으로 끝나는 사람, 정말 사람 같아 보이지 않았다. 사람대우도 받고 싶었고 평범하게 살고 싶었다.

한 15일쯤 일을 하였는데 아침에 마지막 배달을 가게 되었다. 내 지정 손님이라고 해서 가게 되었는데, 모텔에 배달을 들어갔다. 어떤 아저씨가 배달을 시켰는데 인상은 그다지 좋지 않았다. 느낌도 이상했고 빨리 숙소에 들어가서 쉬고 싶은 마음뿐이었다. 그 아저씨는 시간(티켓)을 요구하였고 나는 거절했지만 몇 차례 계속 요구를 해서 마지못해 시간을 끊기로 했는데, 자꾸 자라고 하였다. 몸은 피곤했지만 그 아저씨가 수상해보여서 잠을 꾹 참고 견뎌봤는데 5분 정도 버티다가 결국 잠이 들었다. 옆에서 자꾸 부스럭거리는 소리가 나서 잠을 깼는데, 그 아저씨는 내가 잠을 깬 걸 보곤 놀란 표정으로 꼭 도둑질하다가 걸린 사람처럼 나를 쳐다보더니 "깼니? 왜? 더 자지, 왜 깼어"라고 웃으면서 말을 하였고, 내가 가야겠다며 시간비를 달라고 하니 3분 정도 뜸을 들이다가 돈을 주고선 먼저 가라고 해서 그 방에서 나왔다. 그런데 번 매상이 없어져 버렸다. 놀라서 나는 어찌할 바를 몰라서 그 아저씨 방으로 발걸음을 돌렸고, 방 안에는 아저씨가 없었다. 아저씨를 찾으려고 계단으로 뛰어내려갔더니 그 아저씨는 "안 가고 뭐해?"라고 말하면서 아무렇지도 않은 듯이 나를 보고 웃고 있었다. 나는 너무 당황스러운 나머지 그 아저씨에게 화를 내며 돈 가져간 거 다시 달라 했지만 돌려주기는커녕 아저씨가 도망을 가버렸다. 나는 그 자리에 주저앉아 울었고, 카맨이 내가 늦게 나오자 왜 안 나오는지 궁금했는지 나를 데리러 들어왔는데, 내가 주저앉아 울고 있는 모습을 보곤 "왜 그래? 무슨 일 있니?"라며 계속 말을 걸었다. 나는 있었던 일을 자세히 말하였고, 카맨 오빠도 당황스러운지 그 아저씨를 찾으러 돌아다녀 봤지만 찾을 순 없었다.

　결국 가게로 돌아가 하루 번 매상(50만 원)을 잃어버렸다고 사실대로 말을 하니까 주방이모는 "정신머리를 어디에 두고 다녔냐? 미쳤냐!"면서 욕을 퍼부었고, 난 눈물만 흘릴 수밖에 없었다. 그렇게 욕을 먹고 지친 상태로 숙소에 들어가 술로 마음을 달래고 하루 종일 잠도 안 자고 울기만 했다. 너무 황당스럽고 당황스러운 데다가 손님들이 무서워서 일을 못하겠다고 소개소 삼촌에게 얘기를 하고 집으로 올라갈 거라고 하니까 안 된다면서 자꾸 일을 하라고 강요를 했다. 나는 못 참겠다면서 아는 언니오빠들한테 전화를 하여 5만 원가량 돈을 빌려 ○○으로 올라가게 되었다.

거의 도망치듯이 경기도 ○○으로 올라왔다. 막상 ○○에 오니 갈 곳도 없고 뭘 해야 할지 도무지 생각이 나지 않았다. 결국 전에 얹혀살던 친구 집으로 가게 되었다. 전에 얹혀살다가 친구 어머니께 쫓겨났었기에 자존심도 상하고 친구에게 미안한 마음이 들었다. 친구는 다방에서 일했던 걸 알고 있었고, 혼내기는커녕 위로를 많이 해주었다. 너무 미안했고 친구한테 잘해줘야겠다는 생각도 들었고 고마웠다.

친구 집에서 한 1년 반을 같이 지내면서 마트 주차요원으로 한두 달 일하다가 그만두고 창고 재고정리 알바도 했다. 다방에서 벌었던 돈과 평범한 곳에서 버는 돈은 액수 차이가 많이 났고 돈버는 것 같지도 않았다. 결국 일을 그만두고 한 3개월 정도 놀다가 친오빠의 권유로 집으로 다시 들어가게 되었다.

아빠는 울기도 많이 우셨다. 1년 반 만에 가족이 모여서 이런저런 얘기도 하고 다시는 집을 안 나가겠다고 아빠와 약속을 했지만 그 약속도 5개월 만에 깨져버렸다. 집에서 지내면서 의견 충돌도 있었다. 아빠는 내가 하고 싶지 않은 일을 계속 시키거나 계속 하라고 우기셨다. 검정고시 준비 공부도 하였고 집안일과 살림을 도맡아 지내고 있었다. 운동도 하였는데, 내 의사는 묻지도 않고 아빠 의사대로 운동을 보냈다. 하기 싫다고 하면 두들겨 패거나 집에 있는 물건을 아무거나 집어던졌다. 너무 힘이 들었다. 큰어머니께서 8월 달에 돌아가셨는데, 할머니께서 치매가 있으신데 큰집이나 둘째 큰아버지가 할머니를 못 모시겠다고 하시는 바람에 우리 집에서 모시기로 했다. 나는 아직 나이도 어리고 미래도 있는데 할머니 때문에 내 인생을 할머니를 위해 보내고 싶진 않았다.

열아홉 살 9월쯤, 노래방 도우미로 뛰게 되었다. 처음이라 어색하고 두려웠지만 돈이 필요했기에 노래방 도우미를 하게 되었다. 노래방 도우미는 한 2주일 정도 했는데 보도 사무실에 아가씨들도 없고 장사도 안 되어 그냥 그만두었다. 열여덟 살 때 일했던 다방에서 알던 삼촌 가게에 다시 가서 일을 해야겠다는 생각이 들어 연락을 했다.

그때 당시 집에서 나왔기 때문에 돈도 없었고 밥도 못 먹고 지냈던 터였다. ○○업주에게 연락을 해서 데리러 와달라고 부탁을 하였고, 삼촌은 ○○으로 나를 데리러 오셨다. ○○에는 혼자 간 게 아니라 친구와 아는 동생이랑 갔고, 동생과 친구는 이틀 만에 다시 ○○으로 올라가서 혼자 일을 하였다. 힘들기도 했고 서럽고 놀고 싶기도 했다. 한 달쯤 일했는데 달 끝나는 날이 되어 나는 업주에게 달이 끝났다고 말했는데, 한 10일 정도 더 일해서 돈 좀 벌어가라고 했다. 나는 어쩔 수 없이 일을 했는데 업주는 2차를 강요하고, 배달 가서 조금만 늦어도 "정신 썩은 년아, 좆같은 년아, 제대로 해라" 이런 말도 하고 "아무 손님이나 잡아서 티켓을 나가서 몸 한 번 시원하게 주고 오라"는 말도 했었다. 역시 여기도 짐승 취급을 했고 차별이 심했다. 티켓을 많이 나가는 아가씨들에게 맛있는 것도 사주고 밥도 잘 주고 했는데 티켓을 하루 정도라도 안 나가는 아가씨들은 온갖 더러운 욕을 들어야 했다.

견디는 것도 힘들고 내가 여기에 있어야 할 이유를 도무지 모를 정도로 이미 내 마음은 붕 떠 있었다. 달을 마치고 다른 가게 삼촌에게 가겠다하고 가려했는데 업주에게 걸리고 말았다. "밥도 못 처먹고 다 뒈져가는 년 데려와서 따뜻한 밥 먹여주고 일 시켜줬더니 은혜를 못 갚냐"면서 심하게 소리 지르고, "정신병자 같은 년아, 넌 사람도 아니다"라는 식의 말을 하였다. 욕도 먹고 도저히 참을 수가 없어 계산을 봐달라 하니 있지도 않던 지각비에 경비, 미수금도 잡았다. 계산을 다 보니 내가 가져갈 돈은 34만 원이었다. 원래 그 달에 총 번 돈이 300만 원 정도였는데, 아무리 6:4라지만 34만 원이라는 금액은 적었다. 항의라도 하고 싶었지만 짐승 취급을 받기가 싫어 다방에서 나오게 되었고, 전에 다방에서 같이 일하던 아가씨를 우연히 만나 일자리 좀 알아봐달라고 부탁을 하였다. 그 아가씨가 아는 데서 아가씨를 구하는 것 같은데 연락 한번 해보겠다며 ○○에 있는 오빠에게 전화를 걸었는데, "일할 생각이 있으면 와도 된다"면서 "환영해요. 우리는 5:5고 숙식 제공에 아가씨 편의대로 해주니까 일하기 편할 거예요." 이렇게 전화상으로 얘기를 했다. 자기들 말론 전국 최고의 조건이라고도 하고, 같이 일했던 아가씨도 좋은 조건이라면서 가라고 부추겼다.

결국 나는 ○○에 가게 되었다. 그 오빠라는 사람은 건달인데 덩치도 크고 머리는 파마머리에 꼭 아저씨 같아 보였다. 실제 나이는 스물다섯 살이라 했다. 차를 타고 2시간쯤 흘렀다. 어떤 건물 안 주차장으로 들어가는데 섬뜩했다. 짐을 챙겨 모텔 안으로 들어와 방으로 올라갔다. 그 사람 숙소였다. 어색하고 낯설어 짐은 방에 두고 가만히 앉아 있는데 스물다섯 살짜리 오빠가 형님한테 인사를 드려야 한다며 같이 밖으로 나와 게임방으로 갔다. 게임방에 가보니 삐쩍 마르고 젊은 듯한 남자가 있었는데 그 사람이 형님이라는 거였다. 인사를 드렸는데 내가 못마땅한지 한참 쳐다보다가 한숨을 쉬고는 "이제부터 한 식구가 되었으니 잘 지내보자"면서 인사를 하였다. 처음 ○○에 갈 때 내 조건은 선불 50만 원을 땡겨달라는 거였는데 며칠 뒤에 돈을 해주겠다며 그동안 편히 쉬라고 했다.

다시 방으로 돌아왔는데 나중에 알고 보니 스물다섯 살짜리 오빠의 방이 내가 묵을 방이었고 그 오빠의 이름은 지○○라 하였다. 그 당시 내 나이 열아홉 살이었고 12월 20일쯤이라 가게가 2005년 1월 달에 오픈 예정이라며 "그때쯤이면 니가 민짜(미성년자)가 풀리니까 그때까지 쉬라"고 하였다. 그 당시 내 수중에 20만 원이라는 돈이 있었고 타지역에 혼자 있는 터라 친구도 없고 혼자 게임방을 가거나 밥을 먹곤 했다. 지○○라는 오빠는 새벽에 들어와 매일 술을 마시다시피 했고, 내 가슴이 크다며 가슴을 만지곤 했다. 그때마다 나는 내 가슴이나 몸을 만지는 것이 싫었고 거부도 했지만 지○○라는 사람은 힘으로 제압을 했다. 시간이 점차 흐르자 내 온몸을 더듬고 가슴을 빨고 애무를 하였다. 도망도 다녀보고 소리도 지르겠다고 했지만 막무가내로 강간을 당했다. 너무 무섭고 창피했다. 아무에게도 말 못하고 혼자 끙끙거렸다.

1월이 되었는데 가게는 오픈도 안 하고 사람들은 슬슬 피하기만 했다. 오픈은 언제 하냐고 물어보면 화를 내거나 짜증을 냈고, 자기들 일만 하곤 했다. 선불금을 주겠다며 아래층으로 내려오라 해서 내려가 보니, 알 수도 없는 서류들과 인주가 있었고 선불금은 50만 원을 받기로 했는데 10만 원을 달방비로 뺀다며 40만 원을 주었고 차용증에는 50만 원이라는 금액을 적었다. 형님이라는 그 사람은 친구나 언니를 부르라고 강요를 했고, 결국 ○○에 있는 친구를 불렀다. 친구가 왔고 같이 지내게 되었는데, 가게는 오픈도 안 하고 오히려 돈벌이를 하라며 자기들이 운영하는 주점에 아가씨로 뛰어 달라 했다. 친구와 나는 한 일주일쯤 출근을 했지만 손님은 전혀 오지 않았고 아저씨는 가게에는 출근하지 말고 방에서 대기하고 있으라고 하였다. 며칠 정도 대기를 하다가 연락이 없어서 게임방에서 늦게까지 놀다가 방에서 잠을 자곤 했는데 아저씨는 약속 하나 못 지키냐면서 욕을 하였다.

그때는 사람들이 나쁠 거라곤 생각을 못했다. 우리가 생활비가 없어 20~30만 원가량 몇 차례 돈을 땡겼고 빚은 점차 늘어갔다. 가게는 3월 달에 오픈했는데 가게 정리나 청소는 친구랑 나랑 둘이만 했다. 가게가 오픈했을 때도 문제는 컸다. 2차를 강요하고 노래방 시간을 계속 내보내고, 배달이 줄면 장부나 물건들을 집어던지면서 "좆같은 년들, 씨발년들! 밥 처먹을 자격이 없다"는 등 심한 욕을 하였다. 죽고 싶었다. 힘들고 괴로운 상태로 한 달이 지났다. 계산을 보니 전에 120만 원가량 빚이 있었는데 지각비에 있지도 않은 재료비, 기름값, 숙소비까지 올리고 내가 받은 돈은 고작 40만 원이었다.

며칠 뒤 ○○에 억지로 보내려고 하자 가기 싫어 다른 지역 다방에 일을 맞춰서 가려고 하는 걸 업주에게 걸렸다. "미친년들이 뒤통수칠라 한다"면서 "너희들은 ○○에 꼭 가야 된다"며 ○○으로 가게 되었다. ○○은 촌구석 같고 게임방도 멀었다. 답답하고 갑갑한 곳이었다. ○○가게는 업주의 아버지가 가게 돈을 뒤에서 대주는 스폰서였고 업주는 아가씨 관리하는 담당이고 지○○는 잔심부름꾼이었다. 가게 오픈하고 난 뒤부터 감금시키고 2차만 보내려고 하고, 아침 8시에 출근해서 12까지 영업을 시켰다. 주방이모는 밥도 잘 안 주고 티켓을 나가는 아가씨와 안 나가는 아가씨들을 차별하고 이간질시켰다. 그리고 퇴근하고 나면 셔터문을 잠가버리고 술을 매일 먹이고 아무데도 못 나가게 하였다. 거기에다 지○○와 아가씨들을 한방에서 같이 자게 하여 감시를 하게 하였고, 아가씨들끼리 대화도 할 수 없었다.

온갖 욕설과 성희롱, 협박에 시달리다가 4월 20일 개인 시간을 나간다고 하고 거짓말을 하고 '살림' 쉼터로 도망 나오게 되었다. 상담을 받고 업주들을 고소했고, 지금은 쉼터에서 사건이 해결되기만을 기다리고 있다. 하루빨리 사건이 해결되었으면 좋겠다.

벗어나기

그동안 힘들었고 지치기도 하고 서러웠지만 그 사람들 손안에서 벗어났다는 게 뿌듯하고 마음이 편하다. 공부도 하고 싶고, 평범하고 행복하게 내 미래를 가꾸어나가고 싶다.

지금은 마음 편히 쉼터라는 곳에서 보호받고 있다. 마음은 편하지만 겁이 난다. 일이 해결되면 당장 뭘 해야 먹고 살 수 있을까? 단체생활이라 힘든 점도 있지만 마음에 맞는 사람들도 있고, 지금 현재 걱정거리가 없다는 게 제일 편한 것 같다.

관심받고, 또 사랑받고 싶어서

가출하게 된 경위를 얘기하면서 열여섯 살 때라고 못 박은 이유가 있어요?

　　그때는 사춘기, 이런 것도 있고, 어렸을 때부터 관심을 못 받고 자
　　라서 굉장히 관심을 받고 싶었고, 사랑을 못 받아서 사람이 굉장
　　히 그리웠어요.

관심을 못 받았다는 건?

　　집에서 아빠나 오빠가 저를 봐도 저는 있으면 있는 거고, 없으면
　　없는 거고, 잘못했을 때만 야단치고 평상시엔 자기 할 일만 하구
　　요. 집에 와서는 그렇게 얘기도 많이 안 했거든요. 그래서 집도 싫

182

었고, 아빠도 미웠고, 오빠도 미웠고 그랬어요.

오빠도 별로 기댈 만한 대상은 아니었네요.

예, 그나마 아빠와 비교해서는 오빠가 기댈 만한 존재였는데, 오
빠도 고등학교에 들어가더니 성격이 변하더라구요. 오빠가 중학
교 때만 해도 저밖에 몰랐었거든요. 항상 챙겨주고, 무슨 일 있기
전에 물어보고, 걱정 되게 많이 하고 잘 챙겨줬어요. 그런데 고등
학교 들어가서 친구들이랑 어울리니까 사람이 좀 바뀌더라구요.
오빠가 담배 피고 술 먹고 이런 건 없었어요. 그런데 성격이 참 유
별나요.

언니를 때린 적도 있어요?

네, 자기 열 받는다고. 솔직히 짜증나고 그러면 싸우다가 집에 있
기 싫잖아요. 그런데 못 나가게 하고. 오빠한테 싸대기 맞은 적도
많았고, 엉덩이 맞은 적도 많았고, 잘못했을 때는 많이 맞았어요.

오빠한테 상처받았던 게 맞았다는 그런 것 때문이에요? 아니면…….

아니요. 마음을 몰라주는 거요. 아빠한테 그렇게 당했을 때, 맨 처
음 얘기한 사람이 오빠였어요. 한참 뒤에요. 처음에는 너무 힘들
어서 삼사 년 정도를 혼자 끙끙 앓았어요. 아무한테도 말을 못했
고. 오빠도 처음에 설마 아빠가 그랬겠냐, 우릴 낳아주신 아빤데,
남자니까 오빠가 내 말보다는 아빠를 더 믿더라구요.

이번에도 오빠 휴가 나왔잖아요. 이런 일을 알고 난 후에. 휴가 나
와서도 전화를 안 하는 거예요. 메신저로 쪽지 보내놨는데도 그래

도 연락이 안 오는 거예요. 남자친구 만날 때 술을 마셨어요. 술김에 전화를 했어요. 오빠 난데, 뭐하냐고 물어보니 여자친구랑 놀러 다닌대요. 걱정 안 되냐고 했더니 걱정 안 된대요. "솔직히 니가 잘못한 거 아니냐" 그러는 거예요. 제가 오빠한테 그랬거든요. "나는 솔직히 집에 있기도 싫었고, 관심도 받고 싶었고, 오빠나 아빠는 나한테 맨날 짜증내고 화만 냈잖아. 솔직히 그런 데서 살고 싶지 않았다. 내가 그 집에 정말 있어야 할 존재라고 생각하지도 않았고, 힘들었다. 도와주지도 않았고, 내가 도와달라고 손 내밀면 뿌리치지 않았냐. 정말 힘들었다. 진짜 오빠한테 실망이다" 하고 전화를 끊은 적이 있어요.

얼마 안 된 일이었군요. 그때 느낌이 남아 있겠다.

그럼요.

학교도 많이 힘들었다고 했죠?

제가 학교를 늦게 들어갔어요. 86년생이잖아요. 저보다 한 살 아래 애들과 같이 학교를 다녔어요. 출석부에 주민등록번호 적혀 있잖아요. 그게 그렇게 싫었어요. 애들이 혹시나 물어보면 저는 "이거 잘못됐다"고 했어요. 등본 같은 거 가져오면 애들이 "니껀 어때?" 이렇게 물어보는 것도 싫었고, 애들이 엄마 없다고 놀릴 때도 싫었어요. 제 짝이 남자아이였는데 형광펜으로 제 하복 뒤를 긋기도 하고, 조끼 같은 거에도 화이트로 낙서해놓고, 교복 조끼를 다 찢어놓은 적도 있었고. 그러다 보니 학교 다니기도 싫고, 한 번 빠지다 보니 계속 빠지게 되고 그랬어요.

엄마라는 존재가 어렸을 때는 굉장히 얄밉고 싫다고 그랬잖아요. 지금은 어때요?

지금은 그리워요. 엄마를 굉장히 찾고는 싶은데, 이름하고 엄마 사셨던 데밖에 몰라요. 엄마가 ○○에서 산 건 아는데, 정확히 어딘지는 모르겠고, 이름만 알아요.

아빠한테 엄마에 대해 들은 얘기는 없었고?

들었어요. 엄마가 안 좋은 일을 하셨대요. 물장사 쪽에. 옛날에는 기생이었잖아요. 엄마가 기생이었대요. 아빠가 퇴근하고 집에 가는 길에 어떤 여자가 손님한테 두들겨 맞고 있더래요. 그 여자가 엄마였어요. 그래서 아빠가 엄마를 하룻밤 샀대요. 그래서 아빠가 엄마를 챙겨주고, 엄마가 아빠한테 반했겠죠? 그래서 엄마가 아빠를 쫓아다녀서 어떻게 해서 마음이 맞아 결혼을 했는데, 원래 오빠보다 위에 애가 있었는데 엄마가 술도 많이 먹고 다른 남자 만나고, 가스 먹고 그래서 애가 뱃속에서 죽었대요. 오빠 뱄을 때도 술 먹고, 저 낳고 나서도 그랬대요. 마지막 압권은 엄마가 저를 내버려두고 술을 먹으러 나갔는데 내가 하도 울고 있으니까 아빠가 엄마를 찾으러 다녔대요. 그런데 여관에서 엄마랑 어떤 남자랑 나오는 걸 본 거예요. 그래서 아빠랑 엄마가 헤어지게 되었다고 했어요. 저는 아빠한테 그렇게까지밖에 못 들었는데 엄마를 만나서 얘기를 들으면 다르겠죠.

그렇겠지요.

어릴 때는 그 이유 하나만으로도 엄마가 싫었거든요. 그런데 크니까 '엄마한테도 이유가 있었겠지' 그런 생각이 많이 들어요. 아빠랑 엄마가 이혼하고 나서도 한 번 엄마가 저를 데리러 온 적이 있었거든요. 제가 세 살 때였는데 낯선 아저씨랑 엄마랑 함께 엄마 집에 간 기억이 나요. 엄마가 쭈쭈바 사주고, 밥 먹고. 엄마가 그때 인천 ○○극장 뒤에 살았었거든요. 엄마가 아빠 때문에 저를 커피숍 뒤에다 놔두고 도망가고 그랬어요.

아빠는 재혼이나 다른 사람과 사귀거나 그런 적 없었어요?

많이 했죠. 친엄마까지 치면 아빠는 재혼을 한 다섯 번 정도 했어요. 낯선 여자가 집에 왔다 갔다 했거든요. 아빠한테 여자가 좀 많았어요. 처음에는 딸이 있는 아줌마가 왔더라구요. 여섯 살 때부터 여덟 살 때까지 같이 살았거든요. 그런데 그 새엄마는 밥 안 주고 맨날 국수 주고 그래서 지금도 국수에 질렸어요. 새언니는 밥은 주는데 반찬 안 주고. 맞기도 굉장히 많이 맞았어요.

그러다 또 새엄마가 왔는데, 그 새엄마는 오빠는 좋아하는데 저를 굉장히 싫어했어요. 저희집에 전통으로 벌이 뭐냐면요, 머리 박고 열중 쉬어, 완전 군대식인데 새엄마가 그걸 두 시간 반 넘게 시키기도 하고, 다하고 나면 때리고 바깥으로 내쫓고, 비 오면 홀딱 맞고, 파출소에도 많이 갔었어요. 파출소 밖에서 떨고 있으면 경찰 아저씨가 밥 사주고 그랬어요. 인천 살 때까지만 해도 굉장히 힘들게 살았어요. 정말 두들겨 맞기도 많이 맞았고.

집이 싫은 이유가 정말 많았겠어요.

　　집이 정말 악몽이었어요. 맨날 아빠만 봐도 온몸이 시퍼래져서 덜덜 떨고 있었어요. 아빠가 인천에 살 때까지만 해도 그랬어요. 술만 먹고 들어오면 많이 때렸어요. 워커 같은 것으로 밟고, 가죽장갑 같은 걸 끼고 이 악물라고 하면서 주먹 쥐고 때리고. 제가 제일 많이 맞았어요.

맞은 이유는 기억나요?

　　너 하나로 인해서 가정 파탄이 났다, 그런 이유. 이혼하는 것도 니 죄다. 이런 거.

새엄마랑 싸운 것 때문에?

　　네. 무조건 제 탓으로 돌리니까 그런 것이 싫잖아요. 정말 내가 이 집에 있어서는 안 되는 존재구나, 라고 생각했어요. 집에 있는 동안에 계속.

그랬구나. 차라리 나오길 잘한 거 같아. 그런데 막상 나와서 갈 데가 없죠.

　　그렇죠. 솔직히 업소 일 다녔던 게 처음엔 호기심이었는데 나중에는 미성년자였으니까 단속이나 걸려라 이런 생각 했어요. 솔직히 아빠한테 정말 관심받고 싶었거든요. 내가 정말 관심받고 싶어서 그런 일을 했다, 라고 얘기하고 싶었어요.

아빠한테 여전히 지금도 관심받고 싶어요?

　　네, 받고 싶은데, 막상 돌아가면 그 생활이 반복될 거 같아요.

아빠가 어떻게 해주었으면 좋겠어요?

그냥, 술 좀 안 먹었으면 좋겠고, 나한테 다정하게 해주었으면 좋
겠어요.

아빠라는 사람 꼴도 보기 싫다는 사람들도 많잖아요. 그런데 언니는 아빠한테 관심
받고 싶고 사랑받고 싶다는 이유가 있어요?

아무리 아빠가 저를 때리고 그래도 저를 키워주신 분이고 낳아주
신 분이니까. 친척들도 저를 입양 보내라 그랬는데 아빠는 저를
키웠어요. 일하면서 고생 많이 하셨어요. 제 장래희망이 간호사였
어요. 한 번은 일하다 아빠가 다쳤을 때 내가 정말 간호사 되어서
아픈 사람들 도와줘야겠다, 이런 생각을 한 적이 있었거든요. 아
빠가 그렇게 다치고 고생도 많이 하고 저희들 때문에 마음 아프고
다른 아빠들 보면 우리 아빠가 불쌍하고 미안하고 그래요.

글에서 사랑받고 싶다, 인간답게 대접받고 싶다는 얘기 많이 했는데 사랑받는다는
건 어떤 것 같아요?

누가 나에게 먼저 손 내밀어 주고 다가와주는 그런 걸 굉장히 많
이 받고 싶었어요. 다방에 있으면, 사람들이 그런 일 하면 인간 대
우를 안 해요. 완전 짐승 취급하거든요. 몸 대주는. 저는 정말 평
범한 사람처럼 대우받고 싶었어요.

열여덟 살 봄에 처음으로 다방에서 일을 하게 되었잖아요. 처음에는 호기심도 있었
고 여러 가지 생각들도 있었는데 스포츠카가 역 앞에 오기 전까지 마음속에 갈등이
많았다고 그랬잖아요. 그때로 다시 돌아간다면 어떻게 하고 싶어요?

그 스포츠카를 안 타고 아빠한테 맞아죽는 한이 있더라도 다시 집

으로 돌아가서 공부를 하고 그랬다면 여기까진 안 왔을 거야, 라는 생각이 들어요. 집에 몇 번 다시 들어간 적이 있었는데 그때는 고민도 많았고, 아빠가 항상 때리니까 두려웠어요. 그런 이유로 집에 들어가기도 싫고, 다른 데 갈 만한 데도 없었고, 그래서 다시 업소로 돌아갔죠.

맨 처음 배달을 갔을 때 기분이 어땠어요?

내가 지금 여기서 뭘 하고 있나, 대체 무슨 생각으로 여기까지 왔을까 이런 생각이 제일 먼저 들었어요. 그러고 나서는 한심한 짓을 하고 있구나, 빨리 벗어나고 싶다, 이런 생각을 했었죠.

○○에서 다방생활 하면서 빚이 900만 원으로 올랐었댔잖아요.

예, 처음에 그 얘기 듣고는 벙 쪄서 아무 말도 못했어요. 이게 웬 날벼락인가 그랬죠.

○○다방에서 나와서 ○○에 있는 다방으로 갔을 때 △△업주가 빚통을 쳐줬다고 했잖아요. 그때는 어땠어요?

빚통 쳐줬을 때 울면서 고맙다고 절까지 했어요. 그런데 시간이 흐를수록 이건 빚통이 아니라 하나의 미끼였구나, 그런 생각이 들더라구요. 보통 업주들은 아가씨들이 들어오면 이런 생각을 해요. 쟤는 어떤 맛일까? 따먹으면 어떤 기분일까? 빚통 쳐주는 조건으로 저도 업주에게 먹힌 거였어요. 업주가 저하고 성관계하려고 그랬어요. 내가 반항할수록 많이 맞았죠.

그렇구나. 그렇게 다방생활에서 겨우 도망쳐 나와서 쉼터에 왔잖아요. 쉼터생활은 어떤 것 같아요?

    좀 갑갑할 때도 있지만, 그래도 쉼터에 와서 좋은 걸 많이 배운 것 같아요. 밖에서는 솔직히 또래들이랑만 어울리기 쉬운데, 여기 와서는 언니들에게 좋은 충고도 들었고, 청소도 같이 하고 규칙적인 생활도 조금씩 하게 되고.

앞으로 하고 싶은 것이 있다면?

    공부를 진짜 하고 싶어요. 그런데 기초부터 다시 배워야 하니까 솔직히 쪽팔리긴 해요. 집에서 있을 때는 잠깐 공부 했었거든요. 그때는 정말 많이 뿌듯했어요. 밖에도 놀러 안 나가고 하루 종일 집에서 공부만 했었거든요.

사랑하는 아빠께

안녕하세요, 아빠. 오랜만에 아빠께 편지 쓰는 거 같아요. 요즘 많이 춥죠? 날씨도 쌀쌀하죠? 감기 조심하시구요.

아빠, 저 많이 미우셨죠? 어릴 때부터 아빠가 시키는 일 하면 득이 되지 해될 게 없었는데 말도 안 듣고 제 뜻대로 하곤 했죠! 너무 죄송해요. 어릴 땐 아빠가 왜 그리 미웠는지, 원망스러웠는지 몰라요. 제일 기억에 남는 일이 뭔지 아세요?

저 학교 아홉 살에 들어갔죠? 그때 아빠가 저 학교 안 보내셨는데, 동네 성당 아주머니들께서 저 학교 보내주셨잖아요. 학교 입학했어도 아빠에게 그 얘기를 차마 할 수 없었어요. 혼날까봐. 그땐 아빠만 봐도 온몸이 경직되고 무서웠거든요. 아빠가 집에 계시는 날이면 학교도 안 가고 집에 있곤 했었죠. 그러다가 아빤 저희를 버리고 몇 개월 동안 집에 들어오시지 않았죠. 오빠와 전 아빠가 조만간 오시겠지, 매일 기다렸었는데, 오시지 않더라구요.

무서운 아빠였지만 우리에겐 아빠가 전부였어요. 의지할 사람도 아빠였구요. 전 그때부터 느꼈어요. 전 늘 혼자라는 걸. 지금 우리가 살고 있는 집으로 이사 오고 나선 너무 심했죠. 소주병으로 맞고, 쇠파이프로도 맞고. 아빠가 들면 모든 물건들은 회초리가 되고 몽둥이가 되었어요. 맞는 게 두려웠어요. 어려서부터 아빠가 저희에게 윽박지르시고 몽둥이를 들으셔서 그런지, 전 사람들이 무서워요. 막 저에게 소리를 지르거나 화를 내거나 때리려고 할 때면 자꾸 어릴 적 악몽이라고 해야 되나? 그런 게 자꾸 기억이 나요.

정말 그때의 아빠가 미웠어요. 그런데 지금은 아빠가 너무 좋아지셨고 많이 변하셨어요. 다정해지셨고 친구처럼 대해주시고 아빠 몸 아픈 것보다 저희 먼저 신경 써주시는 거 너무 고맙고 한편으로는 죄송해요.

아빠, 전 아빠의 심정, 아빠의 마음을 아직 다 모르겠어요. 하지만 앞으로 정말 잘할게요. 늘 챙겨드리지 못해서 너무 죄송하다는 생각에 아빠를 뵐 때면 늘 안쓰러워요. 저희 때문에 고생 많이 하시고 그러니까…… 이젠 착한 딸이 되도록 노력할게요. 지켜봐주세요.

아빠를 사랑하는 딸 올림

업소를 탈출하여 극적으로 상담소에 도움을 요청했을 때 눈물샘고장님을 처음 만났고, 함께 사건을 해결해나가면서 많은 얘기를 나눌 수 있었죠. 힘들었던 일을 얘기하며 눈물을 흘리기도 했어요. 가족에게 받은 상처가 크면서도 가족을 보물 1호라고 얘기할 만큼 끔찍이 위하는 눈물샘고장님은 지금은 쉼터를 떠나 집에서 혼자 집안일을 다하면서 일도 열심히 하며 살고 있습니다.

이쁘니;

실제로는 이쁘지 않지만, 이쁘니라는 별칭으로 내 자신에게 주문을 건다. 28년 동안 그저 그렇고 험난하게 살았다. 이제야 내가 진심으로 바라고 하고 싶은 일을 찾았고, 대학에 진학도 하게 됐다. 하루하루 살아 있다는 것에 감사하고 사랑하며 살려고 한다. 실수는 실수일 뿐 이제 나에게 걸림돌이 되지는 않는다. 살다 보면 누구나 한 번쯤은 저지를 수 있는 실수고, 덕택에 발전할 수 있었고, 새로운 삶을 시작할 수 있었다. 지금의 내가 있도록 도와준 모든 이들에게 감사한다. 그리고 사랑한다.

나는?!

후회할 일이 없을 줄 알았던……

고등학교 졸업 후 대학이라는 곳에 들어가니 그 나이 또래 여느 여자아이와 마찬가지로 외모에 전보다 더 관심이 가져지고 갖고 싶은 것도 많아졌다. 남보다는 아니지만 남만큼은 가지고 싶고, 원래 욕심이 많은 터라……. 그리고 딸 셋에 차녀로 태어나 항상 양보해야 했고, 내 것이 아닌 늘 누군가에게 물려받은 것들뿐이었기에 새 것에 대한 동경과 부러움을 느끼고 있었던 터라 돈을 쉽게 뿌리칠 수가 없었다.

그때까지만 해도 아르바이트는 하고 있었다. 하루 종일 높은 하이힐을 신고 남들의 좋지 못한 이목을 받으며 나레이터 모델 일을 하고 있었는데, 일당이 8만 원 안팎이었다. 그것도 매일 할 수 있는 일이 아니었기에 친구의 권유가 상당히 유혹적이었다. 너무나 달콤했고, 귀가 솔깃했다. 얼마나 큰일을 벌이는 건지, 얼마나 후회할 일을 저지르는 건지 그 당시엔 왜 몰랐는지……. 처음 그 소리를 들었을 땐 말도 안 되는 소리 말라며 얼굴을 붉혔지만, 내 자존심도 거기까지였다.

첫날, 상당히 떨리고 겁도 났지만 그것도 잠시, 한두 시간 만에 10만 원이라는 화대를 받았고, 양심의 가책보다는 손쉽게 큰돈을 벌 수 있다는 것에 '왜 진작 몰랐을까?' 하고 생각해버렸다. 감히 나레이터 모델과는 비교할 수 없었다. 그 일도 화려해보이고 멋져 보이지만 해본 사람은 안다. 정말 눈물겹게 힘들다. 그리고 내 성격상 늘 부끄럽게 느껴졌다. 그렇게 한 번씩 업소에서 일을 했고, 학생이라는 내 신분 때문에 이뻐해주는 마담언니들과 손님들이 나에게 어떤 피해를 줄지는 꿈에도 생각 못했다. 그들은 갈수록 더 많은 것을 요구했고, 외상손님이라서 수금해서 주겠다는 약속, 아니 핑계만 대서 화대를 받을 수 없었다.

편하기만 했던 손님들도 점점 두려워지기 시작했으나, 그땐 이미 혼자의 힘으로 발을 빼기가 쉽지 않았다. 당연히 학업에 전념할 수 없었다. 처음엔 오전 강의를, 그리고 하루, 또 하루 결강을 해야 했고, 끝내 더 이상 학업을 할 수 없는 상태에 이르렀다. 웃긴 건, 그 상황을 절망적으로 본 게 아니라 후회할 일 없을 거라고 장담했다는 거다. 철이 없어서라기보다 바보였던 것이다. 집에다는 거짓말을 해야 했다. 도저히 맞지 않아 그만두겠다고. 이렇게 졸업하더라도 취업할 자신 없다고 이런

저런 핑계를 댔다.

학교를 관두니 더 이상 집에 있을 수가 없었다. 낮에 자고 저녁에 알바 간다고 하려니 식구들의 눈치와 동네 사람들의 이목 때문에 집에서 지낼 수 없었고, 자취하는 친구와 달세집을 얻어서 같이 살았다. 후회는 생각보다 일찍 찾아왔다. 어리석게도 업소에 다니더라도 돈을 많이 벌어서 금전적으로 풍족해진다면 내가 할 수 있는 일도 다양해질 수 있다고 믿었다.

그래서 돈을 벌려고 열심히 일을 했다. 하지만 그것도 잠깐이었다. 업소 일이 순조롭지는 않았다. 악착같이 하면 할수록 돈은 모이지 않았다. 건강에 문제가 생기든, 모은 돈을 떼어 먹히든, 멤버가 도망가 버리는 등 내 손에서 빠져나갔다. 그러던 끝에 어렵게 친구랑 장사를 시작했다. 업소 일이 하기 싫어 시작한 일이지만 결국 멀리 벗어나진 못했다. 가진 돈도 없고 경험도 부족했던 것도 있지만 지 버릇 개 못 준다고 하던가? 내가 그런 짝이었다. 업소 언니들 상대로 맞춤옷을 시작했다. 그때까지만 해도 기성복보다 맞춤옷을 선호할 때였다. 첨엔 잘 나갔다. 쉽진 않았지만 그런대로 쏠쏠했고 보람도 있었다.

세상을 다 가진 그런 기분이었다. 하지만 내 복도 거기까지. 운명은 역시 내 편이 아니었다. 업소 언니들 사정상 외상 장사를 해야 했고, 경기가 기울기 시작하면서 더 많은 외상이 깔렸다. 결국 그 외상은 파산의 길로 들어서게 했으며, 어떻게든 모면하려고 끌어다 쓴 빚은 결국 내 손에 남겨졌다. 그렇게 내 인생의 자갈밭은 시작됐다.

2003년 7월 15일 아침. 여느 때와 다름없이 잠자리에 들 준비를 하고 누워 이 생각 저 생각에 한숨쉬며 뒤척거리는데 숙소의 벨이 울렸다. 그 시간에는 초인종을 누를 만한 사람도 없었고 더 이상 들어올 사람도 없었다. 멤버 언니가 일어났고, 곧 나를 깨웠다. 형사가 나를 찾는다고 했다. 겁이 덜컥 났다. 업소 일을 시작한 이후로는 경찰이 무서워졌다. 특별히 뭘 잘못한 일은 없지만 죄지은 사람처럼 두렵고 피하게 됐다. 그나저나 왜 나를 찾는 건지…….

멤버 언니가, 나를 왜 찾느냐고 묻기 전에 그런 사람 없다고 해버렸다. 난 여기 있는데 왜 없다고 하는지. 그렇게 방에서 떨고 있는데 멤버 언니가 신랑이라는 사람에게 물어보고는 어디에 전화를 했다. 아는 형사라고 했다. 진짜로 나는 행방불명자가 되어 있었고, 나보고 어쩔 거냐고 물었다. 2시간이 지났다. 그때까지 나는 죄인이었고 두려움에 떨어야 했다. 형사가 계속 재촉하면서 문을 두드리고 고함치자 숙소의 문이 열렸고, 형사는 나를 확인한 다음 엄마가 신고해서 찾으러 다녔다고 했다. 너무나 정신없고 두려운 나에게 멤버 언니는, 여기서 일한 적 없다고 하라며, 절대 말하지 말라고 했다. 혹시 내가 장부를 가져갈까봐 아무것도 가져가지 못하게 했다. 나는 그렇게 빈손으로 신분증 하나 챙기지 못하고 떠나왔다. 입고 온 옷 하나. 그게 내가 가지고 나온 전부였다. 연락처가 없어서 같이 기거하던 언니 핸드폰을 가져가게 했다. 형사와 경찰서로 가는 와중에도 멤버 언니가 전화를 해서 말하지 말라며 협박을 했다.

업소에서의 규율과 서열은 지금 생각하면 정말 우습다. 말도 안 되는 소리고 불합리하다. 이것저것 미끼로 떼는 벌금과 시키면 시키는 대로 할 수밖에 없었던 상황……. 알지 못하는 사람들 결혼 축의금까지 내고 지각비, 결근비가 10만 원이 넘고 구좌비에다 와리까지……. 당연히 빚이 늘고 업소를 빠져나올 수 없는 상황이었는데 아등바등 발버둥 쳤었던 게 우둔하게 느껴진다. 말도 안 되는 소리를 들어도 당연하게 받아들였고, 따라야 하는 줄로 알았다.

지금 생각하면 우스운 얘기지만, 내가 그 안에 속해 있을 때는 그게 법이고 그게 전부인 줄 알았다. 오히려 반항하거나 도망치려는 애들이 어리석게만 느껴졌다. 하라면 하고 죽으라면 죽는 시늉까지 내야만 하는 게 그곳의 법이고 관례였다. 그래서 나는 아직 그곳에 남아 있는 친구, 동생, 언니들을 이해할 수 있다. 그들은 아직 그 법 속에서 살고 있을 뿐 그곳을 빠져나올 계기가 없었기 때문이다.

언니들 따라 점집에 간 적이 있다. 처음엔 그냥 따라나선 것이었는데 너무 힘든 상황이라 그곳에 가서 들은 말들이 희망이 되기도 했다. 하루는 무당이 나를 보자마자 잘 왔다고, 같이 온 언니들에게 고맙다고 말하라면서, "이 언니들이 니 목숨을 구했어"라고 했다. 사실 그 무당 말이 맞는지도 모른다. 그땐 부산에서 ○○로 갈 수밖에 없는 상황이었고, 발목까지 다쳐서 돈도 벌지 못했고 멤버 언니에게 야단 맞아가며 쉬고 있었다. 물론 벌금이란 걸 다 내고도 말이다.

돈이 없어 평소 친하게 지내는 언니의 동거집에서 눈치를 보며 생활

하기를 한 달여째, 자존심도 상하고 서럽기도 했다. 지방으로 간다는 것의 의미가 나를 더 힘들게 했다. 무당의 말대로 '오늘만 참자, 내일 죽을 건데 이쯤이야……' 그렇게 하루하루 시간이 흐르던 터라 무당의 말은 나를 당혹스럽게까지 했다. 언니들에게도 그런 말은 잘 하지 않았는데, 무당은 내게 잡귀가 붙어서 팔자에도 없는 짓을 하고 있다며 칼로 내 몸을 긁고 술을 온몸에 뿌리고 귀신 떼어내는 주술을 한 뒤 걱정 말라고 했다. 사실인지 아닌지 정말 보름 만에 탈업소를 하게 된 거다.

실종 신고로 만난 가족

  처음엔 카드빚을 막느라 빚이 더 늘기도 했다. 어찌됐든 집에서 알지 않기를 바라는 마음에 더 큰 구덩이에 빠지게 되었다. 형사가 나를 데리고 간 곳은 경찰서였다. 거기서 엄마를 봤다. 너무나 변한 엄마의 모습. 안도감과 미안함에 눈물부터 났다. 그리고 경위조사를 받았다. 정신이 없고 눈물만 났다. 내가 무슨 말을 했는지도 모를 정도로 빨리 집으로만 가고 싶었다. 그게 얼마나 엄청난 일인지도 모른 채…….

  그리고 엄마와 집으로 왔다. 몇 달 만에 보는 집. 일단, 침대에 누워 이불을 뒤집어쓰고 울기 시작했다. 서러운 마음, 미안한 마음, 두려운 마음……. 너무너무 서러워 울다 지쳐 잠들고 또 울고……. 식구들 얼굴 보기가 너무 힘들었다. 어쩜 피하고 싶어서 그랬는지도 모른다. 점점 가게 때문에 불안해졌다. 엄마에게 어떻게 말하고 돌아갈지 막막했다. 어차피 알게 된 일이지만 내 입으로 그런 말하기도 쉽지 않았다. 힘들게 말하고, 우리 집은 울음바다가 됐다. 엄마는 그런 날 이해하지 못했고, 나는 그런 엄마를 이해하지 못했다. 왜냐면 나는 아직 그곳에 소속된 거고, 그곳을 모르는 엄마는 이해할 수 없는 게 당연한 일이었다.

그렇게 나는 탈업소를 시작했다. 엄마랑 이야기하면서 내가 얼마나 바보 같은 생각을 하고 있는지 깨달아 갈 무렵, 나는 고소장을 준비했다. 일단 억울하게 당한 일을 처리하고자 사귀던 사람을 고소했다. 쉽지는 않았다. 지난번 경위조사를 받을 때의 내 진술을 번복하는 게 쉽지가 않았다. 경찰서 동행 과정과 경찰들의 행동에 있어서 잘못된 점을 기재했고, 불신으로 인해 다른 경찰서에서 재조사를 받았다. 경찰을 믿기란 참힘이 들었다. 그들은 나에게 있어 그런 존재였다. 시간이 흐르면서 꼭 그런 것만은 아니란 것을 알게 되었다. 그렇지만 사건은 힘이 들었다. 우울증이 심하게 와서 정신과 치료를 받고 나의 미친 짓도 시작되었다.

평소의 내가 아니었던 건 확실하다. 지금 와 생각해보면 정말 미쳤던 것이 틀림없다. 병원 치료와 검찰조사가 이루어졌다. 힘들었지만 잘 견뎌냈다. 더 험한 일도 겪었는데 이 정도야…… 그리고 가족이 있는데……. 물론 업소에서 난리가 났다. 전주도 멤버도 내 목을 조여 왔고, 그때마다 견디기가 쉽진 않았다. 전화 벨소리에도 깜짝깜짝 놀라고 초인종 소리에 숨어버리는 등 일 년여 동안 경찰서 조사를 제외한 외출은 거의 없었다. 특히 혼자 나가는 경우는 한 번도 없었다. 그러다 엄마가 법무소에서 도움이 될 거라고 전화번호를 적어 주었다면서 내게 알려주었고, 그곳에 통화해보니 도움을 줄 수 있다고 했다. 그리고 성매매 여성 지원단체에 대해 설명하시고, 같이 가보자고 권유했다. 그곳이 '살림'이라는 지원단체였다.

처음엔 허름하고 누추해서 신임이 가지 않았다. 상담원도 그리 신뢰하진 못했다. 그러나 그곳을 알게 되면서 내 인생이 어떻게 변할지는 그때까지 나는 알지 못했다. 2004년 10월 24일, 쉼터에 입소했다.

혼자서 집에 있을 수가 없었다. 언제 어떻게 될지 모르는 상황에서 더 이상 견딜 수도 없었고, 사건 해결을 위해 입소를 결정하게 되었다. 그렇지만 사건을 해결할 수는 없었다. 복잡한 사정과 증거 불충분으로 전주가 나를 사기죄로 고소하거나 민사를 제기하는 것을 기다렸다. 그건 지금도 변함이 없다. 그렇다고 내 생활이 그대로인 건 아니다. 나와 같은 상황의 동료들과 인간관계를 다시 가질 수 있었고, 사회생활을 배우고 있다.

이제는 나도 미래가 있다

쉽지만은 않았다. 좁은 공간에서의 단체생활은 생각 이상으로 적응하기 어려웠다. 처음엔 집으로 돌아갈까 생각하기도 했지만, 여기서 잘 견디지 못하면 더 나은 미래도 없을 거라고 생각하며 견디었다. 시간이 흐르면서 자연스럽게 적응이 되었고, 앞으로 무얼 하고 살아갈지, 뭐가 하고 싶은지에 대해 고민하게 되었다. 처음엔 컴퓨터 학원을 다녔다. 원래 미용기술을 배우려고 했었는데 여건이 허락되지 않아서 일단 컴퓨터에 관련된 기술을 배웠다. 세 달을 배워가던 중에 이건 아니다 싶었다. 하고 싶은 일도 아닌 것 같고, 잘 해나갈 자신도 없었다. 그러던 차에 동료 상담원(성매매 경험을 토대로 탈업소를 돕고 같은 피해자로서 공감대를 형성하고 상담 업무를 하는 등)에 대해 다시 생각해보았고, 일단 자원봉사부터 해보면서 또다시 후회할 일을 미연에 막고자 1월 4일 상담소로 첫 출근을 하게 되었다. 학원은 계속 다니면서 일주일에 두 번 일찍 일어나 하루 종일 일하는 게 쉽지만은 않았지만 이상하게도 즐겁고 싫지가 않았다. 점점 더 흥미가 생기면서 나는 결정하게 되었다. 나의 장래를……

28년 동안 찾은, 내가 하고 싶은 일이었다. 먼저 수능학원엘 등록하고 지금은 입시준비를 위해 공부를 하고 있다. 걱정과 두려움이 남아 있긴 해도 요즘은 매일이 행복하다. 이젠 나도 미래가 있고 내일이 있다. 하루하루 그냥 무의미함이 아니다. 희망이 생기고, 목표를 향해 출발했다. 나는 달린다. 그리고 달릴 거다. 나만의 속도로 그렇게 결승점이 도달할 것이고, 결과에 만족할 거다. 나는 이제 희망을 가진 삶을 살고 있다.

나는 늦지 않았다

이제 곧 사회복지학과 학생이 되겠네요. 사회복지사가 되면 박봉인데 괜찮겠어요? 지금까지 만들어진 가다(?)가 있는데. (웃음)

    아니요, 나는 놀랐어요. 업소 다닐 때는 그게 안 됐는데, 지금은 없으면 없는 대로 살아져요. 한 달에 50만 원 가지고 저금도 하고, 필요한 거 사고 그래요. 학원 다닐 때 10만 원씩 차비 나오는 거 있죠? 집에서도 한 달에 5만 원씩 용돈을 줬거든요. 그걸로 교통비 쓰고 옷도 사 입고 그랬어요. 쓰는 방법이 느는 게, 옛날 같으면 갖고 싶은 거 있으면 못 참았는데 지금은 그런 게 눈에도 안 들어오고, 저 돈 아끼면 더 좋은 거 할 수 있겠다 싶고. 그런 부분은 걱정이 안 돼요. 내가 너무 하고 싶은 일이니까. 내가 고급 인력도 아닌데, 큰돈 받길 원하진 않아요. 정말 안정적으로 살고 싶고, 안정적인 것 중에서도 좀 활동적인 일이잖아요. 사회복지 일이 적성에 맞는 거 같고, 활동적이라서 좋을 거 같아요.

쉼터에 와서 겪은 재밌는 에피소드 있어요?

재밌죠. 난 진짜 단체생활 잘 못했어요. 이기적이고. 전에도 숙소생활 자체가 억수로 힘들었어요. 나는 잠자는 거 잘 못 자고 누가 술주정하는 거 억수로 싫어하거든요. 지금도 쉼터에서 누가 술 먹고 술주정하면은 미워해요. 힘들어서 같이 술 먹고 그러면 다 아니까 토닥거려줄 수 있지만 어디 딴 데서 술 먹고 와가지고 그러면 제가 막 뭐라 해요. 그러면 보기 싫다고, 단체생활 하면서 술 먹고 울고불고 하면 그건 아니다 이러면서.

많이 안정되고 활기차 보여요. 예전에 학원 안 다니고 아무것도 안 할 때보다 좋아진 것 같아요.

내가 좀 늦게 시작해서 용기가 많이 필요했어요. 만약에 혼자 집에 있었으면 그런 용기 안 났을 거예요. 쉼터에서 사람들 겪고, 어울리고. 상담소 나와서 자원봉사하는 것도 억수로 도움이 돼요. 쉼터 언니들 말고 다른 언니들도 보게 되잖아요. 나도 결코 늦은 게 아니다 싶으면서 욕심이 나는 거예요. 자극이 된다고 해야 하나. 내가 다 잘할 수는 없지만 내가 할 수 있는 일이 있을 거라고 생각해요.

희망이 생기다

어제의 나 울었습니다
오늘의 나 울고 있습니다
내일의 나 울겁니다

어제의 나 죽고 싶었습니다
오늘의 나 이대로 죽을 순 없습니다
내일의 나 죽고 싶은 이들에게 희망이 될 겁니다

어제의 나 원망했습니다
오늘의 나 감사드립니다
내일의 나 행복할 겁니다

아직은 용기가 부족합니다
나 자신이, 그리고 많은 동료들이
하지만 어제의 나는 아닙니다

내일의 내가 되고자
겪어야 하고 이겨내야만 하는
많은 장벽 앞에 서서

긴 한숨을 내쉬고 힘을 모으고 있습니다

단숨에는 아니지만 조금씩 뛰어넘고 허물며

세상을 배우게 될 것입니다

많은 눈들이 지켜보고 있습니다

그리고 그중에

나 자신과의 약속도 있습니다

행복합니다, 살아 있다는 것이……

고맙습니다, 지금의 내가 있을 수 있어서……

사랑합니다. 멋진 우리를 사랑합니다

이쁘니님은 사채업자의 위협을 피해 쉼터에 들어왔습니다. 증거가 없어 아무것
도 못하고 있는 불안한 상황에서도 내색 한번 하지 않고 늘 밝은 모습만 보여주었
습니다. 상담소에서 함께 일하면서 궂은일도 마다하지 않는 그녀를 볼 때 '바로 이
런 일이 천직인 사람이 그동안 고생 많이 했구나'라고 생각합니다. 이쁘니님은 현
재 대학에서 사회복지학을 공부하고 있습니다.

캐빈;

1986년 부산에서 태어났다. 처음 쉼터에 왔을 때는 내 꿈을 정하지 못해 많이 고민했다. 지금은 간호조무사를 해서 돈을 벌어 하고 싶은 게 많다. 난 인내심이 없어서 한 가지 일을 할 때 항상 도중에 그만두곤 하지만 이 번만큼은 열심히 해서 내가 결정한 목표를 꼭 이룰 것이다. 이 글을 쓸 때 옛날 힘들었던 일들을 또다시 떠올리게 돼서 조금 힘들었지만, 다 쓰고 난 후에는 속이 후련했다. 이제는 과거에 얽매이지 않고 열심히 살 것이다. 현재 나에게 도움을 주고 계시는 분들께 감사한다. 이 분들 덕분에 아무 어려움 없이 행복하게 살고 있다. 독자 여러분도 항상 행복하길…….

세상에 믿을 사람 없다

첫 번째 가출

열네 살 여름방학 때였다. 친구들과 모여서 해운대에 갔다. 수영도 하고 맛있는 것도 사먹고 즐겁게 놀다 보니 벌써 저녁이 되어 어두웠다. 애들이랑 나는 집에 갈 시간이 된 걸 알았지만 전부 집에 가기 싫은 눈치였다. 그래서 결국 밤을 새고 놀자는 얘기가 나왔다. 노는 것은 문제가 되지 않았지만 집 생각이 먼저 앞섰다. 아빠가 많이 보수적이고 엄하셔서 짧은 치마를 입는다거나 여자가 술, 담배 하는 건 꿈도 못 꿀 일이었다. 외박을 하거나 밤늦게 집에 들어가는 건 더더욱 말도 안 되는 일이었다. 아빠가 원래 그렇게 꽉 막힌 사람은 아니었던 거 같다. 근데 어느 순간 내가 삐뚤한 길로 빠져, 학교에서 사고도 치고 담배를 피우고 그럴 무렵부터 아빠도 변해갔다.

엄마

그 무렵 나는 아빠한테서 이야기를 하나 듣게 되었다. 지금 계신 엄마는 내 친엄마가 아니라, 새엄마라고. 그런데 나는 별로 놀라지 않았다. 대충 눈치를 채고 있었다. 우리 엄마는 다른 엄마들에 비해 많이 젊고 일곱 살 차이 나는 동생과 나에게 대하는 태도도 달랐다. 어렸을 적 이모할머니 집에 갔을 때였다. 아빠가 이모할머니에게 무슨 일인지 몰라도 갑자기 화를 내며 나를 싫어하냐면서 물었다. 할머니가 아무 말도 못하자 아빠가 갑자기 내 목을 조르셨다. 할머니가 그제서야 나를 안 싫어한다고 말하자 아빠가 내 목을 조르던 손을 놓으셨다. 그때 이후 이모할머니가 가식적이지만 아빠 앞에서만은 잘해주셨다. 물론 지금의 엄마도.

그러다 알게 된 엄마의 비밀 얘기는 이랬다. 아빠가 처음 결혼을 한 여자, 그 여자가 나의 친엄마란다. 내가 아주 어릴 적이라 생각은 안 나지만 아빠 얘기로는 그 여자가 술집 여자란다. 술은 기본이고 담배에, 요새 사람들이 말하는 그대로 술집 여자였다고 한다. 그 여자는 나를 낳고 나서 아빠 몰래 나를 죽이려고 냉장고에도 집어넣고, 숨을 못 쉬게 코와 입을 막는 것도 다반사였다고 한다. 아빠 말로는 제정신이 아닌 여자였다고 한다. 그러고 아빠는 아주 짧은 시간 안에 여러 여자들을 데리고 왔었다고 한다. 하지만 그 여자들도 역시 채 몇 달이 되지 않아 다 가

버리고, 제일 마지막에 온 여자가 지금의 엄마다.

지금 엄마는 내가 들어만 왔던 새엄마와는 조금 달랐다. 나에게 잘해 주었다. 하지만 동생이 태어나자 조금 달라졌다. 은근히 티 안 나는 차별, 뭔가 항상 나에게는 비밀인 듯한 그런 집안 분위기가 싫었다. 어쩌면 핑계일 수도 있지만 그 철없던 열네 살 여름, 그런 집안 분위기와 엄마가 계모라는 이유로 집을 나왔다.

집을 나와 돈이 없어서 거리를 방황하고 추위에 떨고 배가 고팠다. 그러다 경찰들이 순찰을 돌다 나랑 내 친구를 보고는 "너희들 집 나왔지?" 이러더니 파출소에 데리고 가서는 집에 연락을 하였다. 집에 전화하니까 아빠가 그런 딸 필요 없다고, 어차피 집에 데리고 와도 쫓아낼 거라고 하였다. 그래서 경찰은 나와 내 친구를 여성 쉼터로 데리고 갔다. 거기서 지내다 친구가 ○○에 있는 다방에서 일한다고 놀러오라고 하였다.

그래서 친구랑 ○○에 있는 친구에게 놀러갔다. 친구랑 얘기하다 보니 다방에는 선불금도 해주고 돈도 많이 번다고 하였다. 그래서 친구랑 같이 다방에서 일하게 되었다. 다방에서 일은 그렇게 힘든 거 같지 않았다. 근데 일을 하다 보니 하루하루 피곤이 쌓이고 그래서 사장님께 그만둔다고 하였다. 그랬더니 사장이 전부 불러 다방에 세워놓고 우리를 때리기 시작했다. 그렇게 우리는 맞고 사장이 무서워서 다시 한 달 정도 일을 하다가 도저히 견디지 못해서 애들끼리 월급도 못 받았지만 도망을 나와 다른 동네로 갔다. 그리고 한 동네에서만 이 다방 저 다방을 옮겨 다니다 보니 몇 년이 흘렀다.

어떤 아줌마

그러다 한 옷집 아줌마를 만났다. 그 아줌마가 자기더러 엄마라고 부르라고 하면서 잘해주었다. 그 아줌마는 나에게 옷을 싸게 해준다면서 옷을 여러 벌 사게 했다. 내가 일을 그만두고 잠시 쉴 때, 내가 돈이 없어 밥을 못 먹을 때 그 아줌마가 늘 나를 불러 밥도 먹이고 다방에 커피도 시켜주었다. 내가 급한데 돈 일이만 원이 없을 때도 늘 빌려주었다. 진짜 엄마 같은 사람이었다. 그 아줌마도 사연이 많았다. 나이가 30대 후반쯤 되어서 첫 결혼을 하였는데 그 남편은 이미 한 번 결혼을 하여 다 큰 아들이 있었다. 그래서 그 아줌마가 결혼을 한 후 아들을 낳았는데, 그 당시 그 아들은 막 걸음마를 뗀 아기였다. 남편은 늘 지방에 있는 나이트 무대가수를 뛴다고 그 사람은 늘 보기 힘들었다. 그리고 그 남편이 가수 음반을 낸다고 집안이 많이 어려웠다.

그래서 그 아줌마가 옷가게를 해서 번 돈을 남편 뒷바라지며 생활비로 쓰는 것이었다. 그렇게 내 눈에 착하게 보이던 아줌마가, 그리고 늘 엄마 같던 아줌마……. 나중엔 결국 그것이 다 거짓이고 다 나를 이용해 먹은 것이라는 걸 알았다.

그 아줌마는 나를 비롯한 주위 사람들을 다 이용하고 있었다. 항상 몸이 아프고 연약한 아줌마처럼 행동했기에 주위 사람들은 다 그 사람을 착하고 좋은 사람으로 여겨 잘해주었다. 어느 날이었다. 내가 그 아줌마

옷가게에 놀러를 갔다. 그런데 나보고 갑자기 종신보험을 들라고 했다. "엄마 민증번호 알지?"라는 물음에 나는 "네"라고 대답하였다. 그러자 갑자기 이상한 계약서를 가지고 오더니 이름을 적고 사인을 하고 엄마 민증번호와 엄마 이름을 적게 하였다. 그렇게 나는 이상한 종신보험에 들었고, 한 달에 14만 원이라는 큰 돈을 보험료로 냈다. 그리고 결혼할 때 결혼 비용 다 대주는, 한 달에 5만 원씩 하는 상조에 들게 했다. 그리고 계에 자리가 하나 비는데 할 사람이 없다며 나에게 계도 들게 했다.

한 달에 25만 원……. 나는 그 당시 어려서 월급을 150만 원 받는데 빚이 400만 원이었다. 그렇게 계속 빚이 늘어났다. 나중에 알게 된 사실은 그 보험아줌마나 상조아줌마는 그 옷가게 손님으로 왔었다고 한다. 그래서 그 옷가게 아줌마가 옷을 많이 팔아먹고 자기 아는 사람들한테 보험과 상조를 들게 한 것이었다.

그리고 내가 일자리를 그만두고 일자리를 옮길 때는 자기가 일자리를 주선했는데, 새로 구한 다방에 선불금을 땡겨 자기가 며칠 먼저 쓰고 급하게 돈을 구해 내가 일하던 다방에 넣어주었다. 내 돈을 안 돌려주는 건 아니지만, "이 사람들은(내가 일했던 다방사장) 좀 골탕 먹이다가 돈을 줘야 돼" 이러면서 자기가 돌려썼다.

그러다 미성년자 법이 생기고 미성년자는 아예 다방에서 일할 수 없는 상황이 되었다. 그래서 엄마에게 연락해 400만 원이라는 빚을 갚고 놓고 있을 때였다. 그때 갑자기 그 옷집 아줌마가 날 부르더니 이때까지 빌려간 돈이랑 보험료 덜 낸 거랑 상조비 안 낸 것, 그리고 자기한테 이

때까지 얻어먹은 밥값 등 자기 혼자 장부에 다 적어놓고 나는 생각나지도 않는 돈들, 그리고 이때까지 자기가 안 팔린다고 그냥 입으라고 한 옷값들을 다 갚으라는 것이었다. 정말 그때는 진짜 세상에 믿을 사람 없다고 생각했다. 돈을 안 갚으면 아는 깡패를 시켜 가만히 안 두겠다고 했다. 그래서 그 보험아줌마의 이모되는 사람이 하는 시골 다방으로 가게 되었다. 빚 300만 원에……. 거기서 일주일쯤 일을 하다가 도저히 적응도 안 되고 너무 힘들어서 도망을 갔다.

탈출

그러고 나서 집으로 갔다. 아무 일도 없었다는 듯이 그렇게 집에 가서 검정고시도 당당히 붙고 잘 지내고 있는데 돈 쓰던 버릇을 못 버리고 또 돈을 벌러 다방에 갔다. 또 여러 곳을 옮겨 다니며 다방생활을 하다가 어느 다방에 가게 되었다. 그 다방은 인터넷으로 알아보고 전화를 하였다. 친구랑 둘이서 선불 220만 원이 필요하다고 하였다. 그랬더니 요새 탕치기가 많아서 선불금을 다 못 주고 친구랑 합쳐서 160만 원을 준다고 하였다. 그래서 친구랑 80만 원씩 받아 차용증을 적고 차용증이 여러 장 됐는데 제일 마지막 장에 "윤락행위를 할 경우 업주에게는 책임이 없으며 모든 책임은 우리에게 있다"고 쓰라고 했다. 우리는 그냥 암말도 안 하고 썼다. 그러고 나서 이틀 있다가 일을 들어오라고 했다.

이틀째 되는 날 저녁쯤이었다. 핸드폰 밧데리가 없어서 핸드폰이 꺼졌다. 그래서 얼른 밥을 먹고 담배 한 대를 필 겸 겜방에 있었다. 그런데 갑자기 그 업주들이 우리를 보더니 "일어서" 이러더니 밖으로 데리고 나갔다. 그러더니 도망가려고 했다며 가만히 안 놔둔다고 했다. 참 어이가 없었다. 하루가 지난 것도 아니고 그렇다고 그렇게 저녁이 된 것도 아니었는데……. 우리는 그 다방에 끌려갔다. 다방에 갔더니 다른 사장이 있었는데 그 사장이 "너거 도망가면 못 잡을 줄 알았냐"면서 "너거 집에 불 지르고 너거 부모 다 죽인다"는 등 협박을 하였다. 씨발년, 개년…… 이런 욕을 다 들으며 우리는 너무 무서워 아무 말도 할 수 없었다.

그러고 나서 우리 보고 "너거 위성추적으로 찾았다"며 위성추적비가 30만 원이라고 했다. 차용증에 우리가 땡긴 80만 원과 경비랍시고 위성추적비 30만 원을 합쳐서 110만 원으로 다시 적으라고 하였다. 정말 어이가 없었다. 그러고 나서 우리 핸드폰과 지갑과 돈을 모두 뺏고 물품보관증을 억지로 적게 하였다. 한 번만 더 도망가면 그때는 잡아서 바로 섬으로 팔아넘긴다고 하였다. 우리는 너무 무서웠다. 두려움에 눈물도 나고 많이 떨렸다.

다음날부터 바로 그 다방에서 일을 하였다. 사장은 일하는 내내 카맨을 시켜 감시하였고 주방이모는 매일 시간 나가라고 눈치를 주었다. 시간 안 나가면 밥을 안 준다는 등, 하루하루가 지옥이었다. 다방에는 다른 아가씨 두 명이 있었는데 몇 개월을 거기서 일을 했는데 그만두지도 못하게 했다. 정말 그 사장들은 감히 인간이라고 말할 수도 없는 것들이었다. 그렇게 그 아가씨들이랑 친해지고 우리는 도망가고 싶어도 못 간다는 생각으로 일을 하고 있었는데, 하다가 너무 참기 힘들어 그 아가씨들이랑 도망을 가기로 하였다.

그래서 내가 옛날에 청소년 쉼터에 잠깐 있었을 때 알던 선생님께 전화를 해서 이러이러한 사정이 있다고 얘기하니까 '살림' 상담소를 가르쳐 주셨다. 그렇게 상담소와 연결이 되어 지금 이걸 사건으로 하여 조사도 받고 지금은 '살림' 쉼터에 있다.

처음에는 적응도 안 되고 하였지만 여기에 있는 좋은 사람들을 만나서 재밌게 맘을 잡아가며 생활하고 있다. 지금 아직도 조금 두렵다. 아직도 잡힐까 이런 생각도 많이 하지만 마음은 편하고 정말 오랜만에 편안한 휴식을 즐기고 있다. 이제 두 번 다시 다방이나 이런 일은 싫다. 지금은 특별한 꿈이 없지만 이제 꿈을 만들어보려고 한다.

이제 꿈을 만들어갈 거예요

열네 살 때 처음으로 외박을 했잖아요. 집이 굉장히 엄했다는데 어떻게 외박하게 되었어요?

무조건 6시에 집에 들어가야 하고, 작살이었어요. 그냥 맨날 학교 가기 싫었구요. 당연 공부하기 싫으니까. 친구들이랑 놀고 싶었으니까. 그때 집이 좀……. 그때 엄마가 새엄마라는 사실을 알았어요. 그래서 그때부터 저는 집구석 후회하게 해준다면서 막 반항하고 그랬죠. 사실은 저도 알고 있었거든요. 어렸을 때부터 눈치가 빨랐어요.

어떻게 눈치를 챘어요?

이모집이 옆집에 있었는데, 그 옆집에 사촌이 한 살 아래인가 했는데 이모가 입이 싸요. 걔 있는 데서 우리 엄마가 새엄마라고 그랬었고, 하루는 걔랑 내랑 싸웠는데 "언니 엄마 새엄마라며? 맞나?" 그러더라구요. 그때부터 열 받았어요.

그때 기분이 어땠어요?

그때요? 울었어요. 새엄마에 대한 개념이 없었던 시절이라서 새엄마 하면 백설공주 계모밖에 생각이 안 나대요. 그래서 나한테 맛있는 것도 안 사주고 장난감도 안 사주나, 이렇게 생각했었어요. 그냥 그러고 있다가 중학교 여름방학 봄에 아빠가 돈을 많이 벌어서 이사를 갔는데 우리가 사서 들어간 집이었어요. 아빠가 기분 좋아서 술을 억수로 먹고 들어와서 엄마 얘기를 해주대요. 우리 아빠 성격이 사이코예요. "친엄마 찾아주까?" 이러면서 비꼬대요. "됐다" 그러니까 "그래, 찾지 마라. 그년은 인간도 아니다" 그러면서 있었거든요. 그러고 울고 넘어갔어요. 내가 사고치고, 담배 피다 걸리고 술 먹다 걸리고 이러면 아빠는 "니는 어째 그리 느그 엄마랑 똑같이 하냐"면서 그러대요. 엄마가 술집 여자였대요.

그런 얘기 들으면 기분이 어땠어요?

처음에는 울었죠. 그때는 어려서 그랬는지 모르겠는데 한 번씩 생각나서 반항심에 사고도 치고 그랬어요. 사회생활, 다방생활을 하게 되면서 '그거는 그런갑다, 내만 그렇겠나' 하면서 이해가 돼요.

어렸을 때는 집도 싫고 학교도 싫었어요?

당연하죠. 그래서 집 나갔어요.

하루 외박했을 때 기분이 어땠어요?

재밌었어요. 좋다, 재밌네, 그러면서. 외박함과 동시에 가출을 했어요. 아침에 술 먹고 들어가려니까 못 가겠는 거야. 그래서 바로 가출을 했어요.

엄마라는 존재에 대해서 알게 되었을 때는?

확실히 알았을 때는 아빠가 자꾸 저한테 세뇌시켰어요. 그년은 나쁜 년이다. 엄마가 나 낳고 나서 안 좋은 소리를 많이 들었어요. 그 갓난아기를…… 그 여자가 사이코였거든요. 조그만 애기를 냉장고에 집어넣고, 칼 들고 저 죽이려고 그랬대요. 안 좋은 소리를 너무 많이 들었어요.

엄마가 보고 싶거나, 궁금하진 않구요?

얼굴만 딱 한 번 봤으면 좋겠어요. 어떻게 생겼는지 궁금해요. 저랑 똑같이 생겼대요.

업소생활이 힘든 점은 어떤 거였어요?

보도 같은 거 뛰면, 시간은 얼마 안 되지만 맨날맨날 술 먹는 게 장난이 아니에요. 그게 너무 힘들구요, 다방은 아침 일찍 일어나서 밤늦게까지 일을 해야 해서 정말 피곤해요. 돈은 돈대로 안 되고, 미수지면 내가 다 메꿔야 하고, 버는 것보다 내 돈이 더 많이

216

나가요. 많이 벌어도 그것보다 더 많이 나가죠.

쉼터 입소하고 나서 우여곡절이 많았잖아요? 지금 생활의 감회를 얘기해보면.

쉼터생활 중에 제일 기억에 남았던 것은 선불금 사기사건으로 경찰서에 붙잡혀 갔을 때였어요. 그때 이후로 다시는 업소생활은 하지 말아야겠다고 다짐했어요. 사실 맨 처음 쉼터 왔을 때는 사건이 금방 끝날 줄 알았어요. 2주 정도 있다가 다시 나가려고 했었거든요.

다방생활 다시 하려고 했어요?

솔직히 돈이 많이 필요하기도 했고, 처음에는 다른 일을 시작해서 돈을 벌려고 하는 게 내키지 않았어요. 그래도 이제는 생각이 많이 바뀌어서 다시는 업소 일은 안 해야겠다고 다짐했죠. 그래서 아르바이트도 틈틈이 하고 있어요. 아직까지 적응 안 돼서 일주일 정도 하고 때려 치는데 이제 적응되겠죠. 쉼터에 오면 좋은 점도 많아요. 돈 씀씀이도 많이 줄었고, 옛날보다는 폰 값도 적게 나와요.

앞으로 하고 싶은 것이 있다면?

난 솔직히 아직까진 꿈이 없어요. 쉼터에서 퇴소만 안 시키면 이대로 계속 있고 싶기도 해요. 어렸을 때부터 정말 뭘 하고 싶은 게 없었어요. 그런데 어느새 내가 보니까 성인이 되어 있대요? 또 여기 들어오니까 뭔가 해야 되더라구요. 그래서 이제 꿈을 만들어갈까 싶어요.

독자들에게 마지막으로 하고 싶은 말이 있다면?

그냥 솔직하게 해도 돼요? 다 힘들겠지만, 그래도 평범한 사람보다는 내가 더 힘들게 살았으니까 열심히 사세요…… 이 정도?

쉼터에서는 캐빈님으로 인해 웃음보가 터진답니다. 쉼터에 오는 모두는 캐빈님의 갈굼(?)을 한 번쯤은 각오해야 할 걸요? 살아온 날들이 힘들고 괴로울 때가 많았을 텐데 캐빈님의 이야기를 듣다 보면 자꾸만 웃게 돼요. 또한 새엄마 밑에서 동생과 차별을 받아왔어도 동생을 누구보다도 아끼는 모습을 보면 참 멋지다는 생각을 하게 됩니다. 캐빈님은 아직 자신의 진정한 꿈을 찾지는 못했대요. 그런데 쉼터에 있으면서 자신도 무언가를 해야겠다는 결심이 자꾸만 커진다고 합니다.

재수;

나는 아직 나를 잘 알지 못합니다. 앞으로 천천히 알아가고 싶습니다. 지금까지 나를 너무 모르고 살아 왔기 때문에 이 글을 쓰면서 후회가 됩니다. 하지만 이제부터라도 나를 알아가서 좋습니다. 이 책을 읽는 모든 분들도 더 후회하기 전에 자신을 한번 알아보세요.

난 단지 여자일 뿐이다

1.

나는 탈성매매를 한 지 2년이 넘었다. 아직도 사회나 직장생활에 적응하는 것이 많이 힘들다. 처음 직장을 구할 때가 생각난다. '이사주'가 뭔지 모르던 나는 구인광고란을 방황하듯이 한 장 한 장 넘기면서 나와 조건이 맞는 일자리를 찾았다. 조건이 맞는 직장을 찾기 위해 넘기다 보면 항상 서비스업에 나의 손과 눈이 가 있었다. 유흥주점과 다방. 그곳을 아무리 벗어나려고 해도 벗어날 수 없는 것일까? 다시 마음을 가다듬고 일자리를 찾아보았다. 근데 웃긴 건 '이사주'라는 말이다. 이사주가 뭔지 모르는 나는 이 말의 뜻을 혼자 나름대로 해석을 하였는데, 일단 '이사'

가 들어가고 '주'가 있으니깐 이사를 해서 어떻게 하라는 말인데 이놈의 '주'가 문제였다. 아무리 생각을 해봐도 알 수가 없었다. 그래서 직장생활 하기는 힘들 거 같고, 이력서가 필요 없는 식당 서빙 일을 구하려고 했는데 음식을 할 줄 알아야 하고, 주방장을 구한다 등등 이런 식이어서 아무 기술이 없는 나는 절망을 했다. '그래 그래, 여기는 내가 살 곳이 못 돼'라고 생각을 했다. 그렇다고 다시 업소 일을 하고 싶지는 않았다.

그래서 최후의 방법을 생각해낸 것이 담당 상담원에게 '이사주'가 무엇인지를 묻는 것이었고, 곧 나랑 담당 상담원은 작업에 착수하였다. 담당 상담원이 내 이력서를 써주었다. 좀 과장을 해서 쓴 이력서를 가지고 H백화점과 S편의점, H할인매장 등 여러 곳에 이력서를 넣었다. 넣은 그 다음날 H할인매장에서 연락이 왔다. 하는 일은 매대(판매대)에서 선글라스를 파는 일이었다.

조건은 한 시간에 3500원과 인센티브라고 하는데, 무슨 말인지 몰라서 그냥 아는 체했다. 일하는 것이 급했기 때문에 무조건 일을 하겠다고 해서 그 다음날부터 일을 하기 시작했다. 하루 12시간, 일명 풀로 뛰었다. 일주일 정도 지나니 다리의 실혈관이 다 터져서 보기가 힘들 정도로 파랗고 빨갛고, 발바닥은 불이 난 것처럼 후끈후끈했지만 그 일을 그만둘 수는 없었다. 내가 얼마나 힘들게 그곳에서 빠져나왔는데, 두 번 다시 그곳에, 아니 생각도 하기 싫은 곳을 가기가 싫었다. 그래서 더욱더 이를 악물고 일을 하였다. 목이 쉬어라 소리를 지르고, 손님들이 기분 나쁜 소리, 이상한 말을 해도 참았다.

그렇게 한 달이 지나서 월급을 받았다. 그 전에 돈이 없는 상태였기 때문에 가불한 돈을 빼니 얼마 되지는 않았지만, 그래도 생각보다 돈이 많았다. 받은 월급으로 빌린 돈 갚고, 먹고 싶었던 거 먹고, 옷 한두 벌 사니 (H매장에서 싼 걸로) 돈이 없었다. 너무 아무렇지 않게 돈이 없어지자, 그때부터 십 원짜리 하나가 아까웠다. 그때는 담배도 피우지 않았다. 돈이 없었기 때문에 끊을 수밖에 없었다.

그래서 다음 달에는 더욱 아껴 써야지 했는데, 두 달째 일을 하고 얼마 되지 않아 매대를 철수해야 한다고 하였다. 우리 매장은 내가 열심히 해서 매상이 제일 좋지만 다른 매장 같은 경우는 거의 팔리지가 않는다고, 본사에서 매대를 철수해야 한다고 했다. 그렇게 해서 나의 첫 직장은 그렇게 끝났다.

두 번째 일은 학습지 아르바이트였는데, 그건 사기를 당했다. 한 달 일을 하였는데 돈도 다 받지 못했다. 그래도 열심히 한 보람이 있었다. 나를 유심히 보던 옷매장 언니가 나를 사장님께 추천을 해주었고, 난 다시 일을 할 수 있었다. 아르바이트가 아닌, 직장생활을 하게 되었다. 그래도 화류계 물 좀 먹었다고, 손님들에게 말발과 눈썰미가 잘 맞아 들어갔다. 하지만 한 번씩 열 받게 하는 손님들 때문에 옛날 성격 같으면 면상을 밟아버리고 싶다는 생각을 수도 없이 하면서 참고 또 참고, 그러다가 화가 나면 울고, 또 울고……. 그렇게 난 그곳에서 3개월 정도 일을 하였다.

나중에 들은 이야기인데, 같이 일하던 언니는 내가 초보라는 것을 눈치 챘고, 뭔가가 이상하다는 것을 알았다고 한다. 내가 옷가게에서 일했었다고 뻥을 쳐서……. 그렇게 그곳을 그만둔 나는 부산에 와서 다시 새 직장을 가졌다. 성매매 여성 상담소에서 나에 대해서 안다고 하면 너무 많이 알고, 모른다고 하면 모르는 사람들과 일을 하게 되었다. 나를 다 안다고 해서 좋은 것만은 아니었다. 나를 성매매 피해자로만 보는 것 같아서 불만이었고, 그들 또한 내가 성매매 여성이니깐 이해해달라고 하는 것 같아서 힘들어했다. 그런 오해 속에 서로에게 상처를 주고, 상처가 될까봐 그들은 나에게 말 한마디 못하고, 그런 마음을 모르는 나는 서운함과, 나만 봐달라는 욕심 속에서 그렇게 힘든 생활을 하게 만들었다.

지금 생각하면 일 스트레스보다는 나 때문에 더 스트레스를 받지 않았나 하는 생각이 든다. 아직은 그들과 일을 하고 있다. 나 또한 고비가 있었다. 나의 말투와 행동, 생각 없이 내뱉는 말 때문에 그들 외에 또 다른 사람들에게 상처를 주었고, 나는 그 상처를 감당하기가 너무 힘이 들어서 그만두려고 하였다. 그때 나를 잡아줬던 말은 "여기 그만두면 뭐 해 먹고 살 건데?" 그 말이었다. 그 전에 업소에서 일을 할 때 업주가 지랄하면 "그만두면 되지", 같이 일하는 아가씨가 지랄하면 "그만두면 되지" 하면서 그런 식의 생활을 했기 때문인지 몰라도 나는 "그만두고 싶다"라는 말을 많이 했었다. 지금은 하지 않지만……. 그런 이유도 있었지만 정말 내가 뭘 할 건지 앞이 막막했다. 그 말에 다시 한번 용기를 갖고 일을 하기로 했다.

그렇게 다시 일을 하게 되었는데, 기회가 생겨 검정고시 학원에 다니게 되었다. 4월 시험을 바라보고 열심히 했지만, 결과는 떨어졌다. 업소일을 하면서 학교를 다니지 못하고 졸업을 하지 못한 나를 원망하였다. 진정 내가 이 일을 하고 싶은데, 더 많이 배우고 싶은데, 더 많이 알고 싶은데, 다시 한 번 시련이 왔다. 그동안 나를 믿어주었던 상담소 사람들과, 내가 대학교 간다고 하자 우시면서 좋아하던 엄마와, 이제는 사람 같이 산다고 기뻐하던 언니와 오빠의 얼굴이 떠올랐다. 더 이상 사람들에게 피해를 주기 싫었고, 이 사람들에게 실망을 준 내가 너무 싫었다. 그동안 그렇게 힘들어도 내색 한번 하지 않고 지내온 사람들……. 나 하나 나가면 나를 대신해 더 능력 있는 사람을 구할 수도 있는데……. 지금까지 기다려준 사람들에게 너무 못된 짓을 한 것 같아서 더 이상 웃을 수도, 사무실에 앉아 있을 수도 없었다.

난 다시 그만두고 싶다는 말을 하고 싶었고, 그 말을 하려고 망설이고 있는데, 옆에서 아무렇지 않게 "다시하면 되지"라고 말해주었다. 난 그 말이 너무 좋았다. 울어서 눈물 콧물 범벅이 된 얼굴 앞에서 피자를 먹으면서 "괜찮아"라고 해줄 때, 슬퍼서 울기보다는 그 말이 너무 좋아서 울었다. "괜찮아"라는 말, 어릴 때부터 항상 잘못을 하면 매와 꾸중으로 살아온 나였기 때문에 그 말에 난 또 울었다. 난 이렇게 해서 다시 그곳에서 일을 하고 있고, 다시 시험 준비를 하고 있다. 아무 일도 없는 것처럼.

2.

나는 사람일까? 아니면 동물일까? 아니면 이 세상에 존재하지 않는 그런 어떤 것일까? 아무리 생각을 해봐도 그때의 나는 어떤 의미도 없는 그런 것에 불과한 거 같다. 형상은 인간이지만 인간으로서 가져야 하는 그 어떤 것도 가지지 못한 인간, 사람들 속에 살고 있지만 내가 무엇인지도 모르는…….

난 아무 의식도 없이 무의식 속에서 긴 방황을 하다가 눈을 뜬 거 같다. 눈을 떴을 때 난 내가 보지 못한 사람들을 보았고, 알지 못한 세상을 보았다. 난 왜 그 세상을 보지 못한 걸까? 난 왜 사람들이 알고 있는 것을 모른 채 살았지? 내 자신이 귀를 막고, 입을 막고, 눈을 감고 있었기 때문일까? 아니면 내가 머물고 있던 그 세상이 나를 가두어 놔서 그 세상이 전부인 줄 알고, 그게 사람들이 사는 세상이라고 나에게 말을 해줘서? 난 그 말을 믿었다. 이 세상이 전부라는 말을. 믿기보다는 세뇌 당했다고 해야 하나?

아직도 내 머릿속에는 그 세뇌 당했던 기억들이 한 번씩 고개를 쳐든다. '옛날하고 달라, 이번에는 빚 안 지고 돈 벌 수 있어!' 라고, 그렇게 고개를 든다. 사람의 마음은 간사하다. 또, 조금씩 흔들리는 나를 봤다. 아니야! 아니야! 이건 아니야 하면서도 잘할 수 있을 것도 같은데, 라는 생각을 했다.

담뱃값이 없어서 이런 생각을 했다고 하면 다들 제정신이 아니라고 생각을 할 것이다. 처음 내가 업소에 들어간 이유도, 배가 고파서, 잠잘 곳이 없어서였다. 아무것도 아닌 이유가 나에게는 큰 이유가 된 적이 있다. 그 절박함이란 당해보지 않은 사람은 모른다. 오빠의 폭력이 무서위, 엄마의 무관심이 무섭고 혼자라는 외로움이 무서워, 난 그렇게 나를 버리기 시작했다. 아니, 난 내가 버린다고 생각하지 못했다. 그때 그 사람들은 나에게 가족과 같은 존재였고, 오빠, 언니, 엄마 같은 사람들이었다. 제대로 받지 못한 관심을 그 사람들이 주었고, 내 옆에는 동료들이 있었기에 외롭지도 쓸쓸하지도 않았다. 그래서 행복했다. 그래서 난 더 깊은 수렁으로 빠졌다.

그 행복이 진짜 행복이라고 생각하면서, 난 더욱 행복해지고 싶어서 더욱더 나 자신이 먼저 수렁 속으로 들어갔는지 모른다. 어느 날 그 수렁 속에서 행복이라고 느끼던 모든 것들이 나의 목을 조르고, 나의 살을 파먹었다. 그 행복이 나를 죽이는 무기로 다가왔다. 하지만 피할 수도, 도망갈 수도 없었다. 난 이미 그 수렁에 온 몸을 맡긴 채 죽어가고 있었기 때문이다. 나를 받아주는 곳이 없던 나는 더 이상 살아야 할 이유도 없었다. 난 그곳에서 죽을 거라고 생각을 했다. 더 이상 갈 곳이 없었기 때문에 난 그곳에서 죽었다. 아니, 내가 나를 죽이고 다시 태어났다.

내 자신이 갈 곳을 찾고, 진정한 행복을 찾고, 외롭지 않게 사람들을 만났다. 진정으로 행복해하는 사람들을 만났고, 그 행복으로 나 또한 행복함을 느끼고 행복하다. 이제는 외롭지도 않고 쓸쓸하지도 않다. 돌아갈 곳도 있다. 이제 깨달았다. 절박함이 사람마다 틀리고 헤쳐나가는 방법이 틀리다는 것을. 난 그 절박함을 기회로 여긴다. 이 기회를 놓치고 싶지 않다. 나의 두 손으로 꼭 잡아서 절박함을 희망으로 바꾼다.

탈모임 만들고 싶어

10년이라는 시간을 그곳에서 보냈잖아요? 근데 지금은 그 시간이 없었던 사람 같아요. 그 시간에 대한 현재의 느낌은 어때요?

생각이 잘 안 나, 솔직히.

그 안에 있을 때도 힘든 게 똑같은 강도인가요? 아니면 나와서 생각해보니까 그때가 힘들었다, 그런 거예요?

그때는 힘든 게 당연하다고 생각했지. 힘든 걸 당연한 거라고 받아들였지. 잠 못 자고, 그런 것도 당연하다고 생각했지. 밖에 나와보니까 그게 당연한 게 아니었고.

전에 강의 다니면서 내 자의식이 좀 생긴 거 같아. 처음엔 창피하단 생각을 못했는데, 나와서 내 이야기를 하다 보면 창피하더라구. 그러면서 자의식이 생긴 거 같아.

근데 우리가 그 경험이 부끄러운 경험은 아니라고 생각하잖아요? 살아남은 거고, 피해 입은 거고, 생존자고. 근데 왜 부끄러운 거예요?

'다른 일반 여자들도 아무 남자들이랑 자고 하더라', 그걸 우리가 위안을 삼았는데, 근데 여자들이 아무나랑 자는 건 아니잖아. 사귀거나 그래서 자는 거지. 연애(손님과의 성관계)라는 게 좋은 게 아니잖아. 내가 나를 파는 거고. 내가 나를 팔았던 거니까, 그게 부끄럽지. 술 취한 남자하고 섹스하고, 나를 치장해야 하고. 그런

게 너무 싫었지.

언닌 앞으로 뭐하고 싶어요?

전국여행도 해보고 싶고 내 고향에 '살림' 지부(?)를 만들고 싶어. 고향에. 성매매 업소 진짜 많거든. 내 친구도 업소 마담을 하고 있고.

그리고 탈모임(?)도 만들고 싶어. 우리 같은 여성들이 탈성매매하고 나서 다 숨어서 살잖아? 우린 한국이란 나라에서 다시 태어난 사람들이잖아, 일종의……. 근데 그 경험을 다 숨기고 사는데, 그런 이야기 편하게 할 수 있는 모임을 만들고 싶다. 다른 외부인이 들어오면 좀 그렇지만, 우리끼리는 정말 할 이야기가 많을 거 같아.

동료 활동가로서 좋은 점은 뭐가 있어요?

언니들이 쉽게 대하고, 쉽게 이야기할 때. 처음엔 내담자들한테 나도 거기 출신인 거 다 이야기했지. 언니들이 마음을 열고 공감대가 빨리 형성되더라구. 근데 그렇게 이야기하는 게 안 좋은 경우도 있어서 이젠 다 이야기하진 않지. 너무 편하게 생각해서인지 나를 무시하는 경우도 있더라구. 열에 한두 분 정도.

세상 사람들한테 하고 싶은 이야기 있어요?

그냥 "왜?"라는 생각보다 "그렇구나. 그랬었구나" 그렇게 해줬으면 좋겠어. 남의 이야기처럼 생각하지 않았음 좋겠구. 정말 자기 친구, 동생의 일일 수도 있는 거잖아.

어느 날 눈을 떠보니 나는 29살이었다

10년. 음…… 십년은 나에게 어떤 의미일까요?

십년 : 십을 파는 십년

어느 날 눈을 떠보니 나는 29살이었다.

언제 눈을 감았는지 모르지만,

어렴풋한 기억으론 아마 열여덟 혹은 열아홉 살인 거 같다.

그 10년이란 세월 동안 무얼 했는지 차근차근 기억을 더듬어 보았다.

많은 일이 있었고, 또 아무 일이 없는 것도 같다.

기억의 자투리로 남아 있는 건, 진한 화장을 하고 웃음을 팔고 있는

나의 모습이다.

언제나 누군가에게 목이 졸리는 것처럼 숨도 제대로 쉬지 못하고

나의 의식에 붙어 있는 몸뚱이지만 나의 의식도, 나의 몸뚱이도

나의 것이 아닌 상태로 살아온 거 같다.

난 진열장의 상품밖에 되지 못했다.

우리는 진열장의 고기처럼 진한 화장과 화려한 겉옷과 짙은 향수로

싱싱한 고기처럼 그들을 유혹한다.

우리에겐 이 세상의 남자들은 돈에 불과했다.

그 남자들에게 우리가 창녀밖에 되지 않는 것처럼……

난 질긴 고기였다.

나이를 먹어서, 씹어도 씹어도 씹히지 않는 질긴 고기.

그런 나를 씹기 위해서 많은 이빨들이 자기들의 입속에,

아니 나의 입속에 들어왔다.

침과 술과 손과 입과 이 세상에 들여보낼 수 있는 건 모두 들여보낸다.

난 입을 다물고 끝까지 반항을 하면서, 그를 죽여버린다는 생각만으로 버틴다.

그러다가 그 침과 이빨과 손과 입이 나의 제일 여리고 불쌍한 그곳으로 들어온다.

소리를 지른다는 그 자체가 자존심이 상해서

아무리 아파도 절대 인상도 쓰지 않고

무표정으로 그 남자의 얼굴을 쳐다보았다.

소리를 지르지 않는다는 이유로 구타와 멸시를 받고 돈을 돌려준 적도 있었다.

그런 기억들이 내 기억의 자투리에 불과하지만

난 그런 삶을 10년을 살고 있었다.

아무리 발버둥을 쳐도 나올 수 없었던 진흙과 같은,

내가 살기 위해 나를 버리고 죽여야 하는.

난 하루에 열 번, 아니 스무 번씩 나를 죽이고 살린다.

내가 나를 죽이지 않으면 정말로 죽기 때문에,

이렇게 해서라도 살고 싶었기 때문에.

그러다가 내가 나를 죽이지 못하면 다른 사람들이 나를 죽이기 위해 모여든다.

똥에 파리가 모이는 것처럼.

그렇게 나의 죽음을 먹고 사는 똥파리가 모여든다.

그 똥파리는 나의 생명과 나의 젊음과 나의 자유와 나의 의식과

나의 몸뚱이를 지배한다.

나의 의지와 상관없이, 똥파리가 날아가는 데로 나의 몸도 따라간다.

그러다가 그 똥파리에게서 벗어나면 더 많은 똥파리가 나에게 날아온다.

어느 날부턴가 그런 똥파리들이 나의 안식처가 되어가고 있었다.

도저히 벗어날 수 없는 그런 안식처로 나에게 점점 다가왔다.

난 그 안식처에서 벗어날 수 없다고 생각을 하면서

10년이라는 세월을 살아왔다.

아직도 믿어지지가 않는다.

도저히 나오지 못할 거라고, 벗어나서는 살 수 없을 거라고 생각하면서,

아니, 나의 삶이라고 생각하면서 10년이라는 세월을 살아왔다.

그런 나의 삶에 커다란 희망이, 아니 생명의 빛이 들어오고 있었다.

아주 특별한 사람만 받을 수 있을 거라고 생각했던 빛이 나에게도 오고 있었다.

난 그 빛을 죽음이라고, 또 한편으론 나의 생명이라고 생각하고 받아들였다.

어차피 죽으면 나올 수 있는 안식처라고 생각했기 때문에,

죽어서라도 자유롭고 싶었기 때문에.

자유…… 그건 누리고 있는 사람들은 모른다.

그게 얼마나 소중한 것인지를, 나의 의지와 상관없이

남의 손짓과 발짓대로 살아간다는 것이 얼마나 죽고 싶은 것인지.

난 여기서 진정한 자유와 진정한 삶과 진정한 인간들을 만났다.

그 전에는 똑같은 사람이라고 생각했던 사람들이 나랑은,

아니 내가 살아왔던 세상의 사람들과는 다르다는 것을,

어차피 같은 인간이지만 나를 죽일 수 있는 사람과

나를 살릴 수 있는 사람이 있음을 알았다.

난 지금까지, 아니 그 사람들을 만나기 전까지 나를 죽일 수 있는 사람들을

나를 살릴 수 있는 사람이라고 생각하면서 살아왔다.

지금 내 옆에 있는 사람들은 나에게 새로운 삶과 자유와 나의 목숨을 주었고,

나에게 자유가, 그리고

나 자신의 삶이 중요하다는 것을 알게, 아니 깨닫게 해주었다.

내 자신을 그대로 받아주었고, 나의 좋은 점과 나쁜 점을 알게 해주었고,

깨닫게 해주었다.

고함이나 구타나 어떠한 강압도 없이 나를 믿어주고, 나를 이끌어주고,

나를 고쳐주었고, 나 자신의 모습을 찾게 해주었다.

그 어떠한 조건과 이유도 없이, 단지 나 하나와 나 같은 사람들을 위해

무던히도 애쓰고 슬퍼하고 같이 아파하면서 믿어주었던 그 사람들이 있기에

지금의 나는 정말 인간이 되어가고 있었다.

나를 인정해주고 믿어주는 당신들이 있었기에.

당신들의 믿음은 나를 살렸고, 또 나 아닌 나 같은 사람들을 살릴 것이다.

항상 그래왔듯이 우리한테 받은 것도 없고 우리가 준 것도 없지만

내가 다른 사람들을 도울 수 있는 사람으로 살아가는 것이

내가 당신들을 위해 할 수 있는 일이라고 생각합니다.

너무 많이 아파서 그 상처가 아물 거라고 생각하지 않고 살아왔지만

당신들은 나의 그런 상처에

믿음이라는 약과 할 수 있다는 반창고를 붙여주었습니다.

나중에는 흉터로 남겠지만, 그 흉터를 보면서 절대 후회 없는 삶을 살아갈거고,

또 다른 상처를 안아 주겠습니다.

내가 당신들에게 보답하는 것은 열심히 살아가는 것이라고 생각하고

지금까지 나의 의지대로 살아가지 못했지만

나의 의지대로 살아가는 것이 당신들을 기쁘게 하는 거라고 생각합니다.

아직 살아온 날보다 살아야 할 날이 더 많이 남아 있지만,

그 10년이라는 세월이 나에겐 너무 긴 세월이었습니다.

그 긴 세월에 묻혀 나의 남아 있는 시간을

아무 의미 없이 살아갈 수도 있었건만

내가 전혀 모르고 보지도 못하고 알지도 못하는 사람들에게

아주 큰 도움과 기대를 받으면서 나 자신이 조금씩 변하는 걸 느끼고 있습니다.

그 기대에 실망을 주기 싫지만, 무엇보다 나 자신에게 실망하기 싫고,

두 번 다시 나를 버리기 싫습니다.

내 삶을 찾아준 것은 당신들이지만

이 삶을 얼마나 잘 살아가느냐는 나의 책임입니다.

이 책임을 두 번 다시 버리기도 싫고, 두 번 다시 또 찾아오는 것도 싫습니다.

처음에는 그 책임이라는 것이

나에게는 정말 무섭고 힘든 것이라고 생각했습니다.

지금도 많이 힘들고 무섭지만, 말없이 바라봐주고

또 믿어주는 당신들이 있기에

힘들고 무섭지만 잘할 수 있고 잘할 겁니다.

당신들을 위해서가 아니고 나 자신을 위해서요.

다음에 10년이 지나서 눈을 뜰 때 그 전의 10년의 기억은 없고,

가슴에 새기면 절대로 잊지도 않고

다시 기억하고 싶은 10년을 기억하고 싶습니다.

십을 파는 십년이 아니라,

그때는 10년이라는 의미가 다르게 다가오게

살아가겠습니다.

* 이 글은 부산여성사회교육원 주최 '여성학 수기' 공모집에 실렸던 글입니다.

재수님은 10년을 성매매 공간에서 보내고 나서, 현재는 '살림' 상담소에서 일하고 있습니다. 검정고시에 합격하고 수시모집에도 합격해서 곧 대학 입학도 합니다. 처음 상담소에 내담자로 왔을 때는 상담원을 만나면 업주에게 잡혀갈 수도 있다는 공포에 목숨 걸고 왔다는 언니가, 이제는 이렇게 용기를 내어 상담소를 찾는 언니들을 만나 손을 잡고 힘을 주는 일을 하고 있습니다.

글쓰기 치유 프로그램

세상이 모르는 여자들

쉼터에서는 2005년 3월 5일부터 7월 24일까지 일주일에 두 번씩, 글쓰기 치유 프로그램을 진행했다. 처음 참여했던 언니들이 여러 가지 일로 쉼터를 떠나고, 새로운 언니들이 쉼터에 들어오면서 모임의 구성이 들쑥날쑥하기도 했지만, 총 16회의 글쓰기 시간과 5회의 문화 체험으로 이루어진 프로그램은 꾸준히 이어졌다. 언니들은 자신이 살아온 이야기를 쓰고 발표하는 데 무척 적극적이었고, 각자의 삶을 공유하면서 함께 웃고, 눈물 흘리는 시간 속에 지금껏 돌아보지 못했던 자신을 들여다볼 수 있었다. 프로그램은 다음과 같은 주제로 진행되었으며, 여기서는 인상 깊었던 몇몇 장면을 소개하기로 한다.

열린 마음으로 기쁜 글쓰기

■ 일시 | 2005년 3월 5일 ~ 7월 24일
■ 장소 | 쉼터

날짜	프로그램	내용
3/5	문화 체험	연극 관람 〈로미오를 사랑한 줄리엣의 하녀〉
3/8	첫 번째 시간	인사 나누기
3/10	두 번째 시간	일기 쓰기의 좋은 점과 1분 글쓰기
3/15	세 번째 시간	브레인 스토밍과 마인드 맵 그리고 3분 글쓰기
3/17	네 번째 시간	거울에 비친 내 모습
3/19	문화 체험	영화 관람 〈호스티지〉
3/22	다섯 번째 시간	감정에 대하여 글쓰기 I
3/24	여섯 번째 시간	감정에 대하여 글쓰기 II
3/26	문화 체험	뮤지컬 관람 〈브로드웨이 42번가〉
3/29	일곱 번째 시간	단어 명상, 내가 요즘 자주 골똘히 생각하는 것들
3/31	여덟 번째 시간	내가 원하는 것, 내가 소중히 여기는 것들
4/12	아홉 번째 시간	어린시절에 대한 기억 I
4/14	열 번째 시간	어린시절에 대한 기억 II
4/19	문화 체험	영화 관람 〈대한민국 헌법 제 1조〉 및 토론
4/21	열한 번째 시간	책 만들기, 수다 떨기 — 어떤 책을 만들고 싶어?
4/26	열두 번째 시간	부모와 자식 사이
4/28	문화 체험	책을 만져보기, 골라보기, 우리가 만들 책에 대해 생각해보기
5/3	열세 번째 시간	그곳을 살아낸 힘 I — 업소에 들어가기까지
5/10	열네 번째 시간	그곳을 살아낸 힘 II — 업소를 나오고 나서
5/12	열다섯 번째 시간	글쓰기 완성 I
5/26	열여섯 번째 시간	글쓰기 완성 II
7/24	문화 체험	연극 관람 〈울고 있는 저 여자〉, 바닷가 데이트

문화 체험 — 연극 관람 〈로미오를 사랑한 줄리엣의 하녀〉

2005년 3월 5일 토요일 오후 4시 30분 남포동 가마골 소극장

전국을 강타한 폭설 속에서 유독 부산만 햇살이 자글자글 봄기운이 쏟아졌다. 사람들이 쏟아져 나온 거리에서 만난 언니들은 유독 얇은 옷을 입고 있었다. 광복로 거리의 모퉁이에 위치한 가마골 소극장이 우리가 만난 첫 번째 무대이다. 오늘 볼 연극은 〈로미오를 사랑한 줄리엣의 하녀〉. 재미있는 연극이라고 입소문이 났는지, 좁은 소극장 대기실에 사람들이 넘쳐났다. 연극이란 관객의 호응도에 따라 지루할 수도 신날 수도 있다. 무대와 객석이 함께 호흡을 해야 하는 자리이다. 혹여나 지루함에 잠이 들어버리면 어쩌나 걱정했지만, 생각보다 정말 유쾌했다. 춤과 노래, 재미있는 연기를 보며 소리 높여 웃고 박수치는 언니들을 볼 수 있었다.

막이 내리고 극장을 나오니 건물 밖에는 폭설이 쏟아지고 있었다. 현실을 잠시 떠나 무대 속에 빠져 있던 우리는 방금 전 보았던 현실과는 전혀 다른 세계를 경험했다. 거리로 나온 언니들은 저마다 발이 빨갛게 얼었다. 눈이 오니 그래도 다들 좋아한다. 연극 한 편 함께 보았을 뿐이지만, 서먹하던 표정이 조금은 풀린 듯하다. 이들이 앞으로 글쓰기 교실을 시작하면서, 글 속에서 어떤 표정을 보여줄 것인지? 눈 속을 힘겹게 걸으며 헤쳐나가듯, 언니들의 발자국이 선명하게 꾹꾹 찍혔으면 좋겠다.

그날 부산에는 101년 만에 폭설이 쏟아졌다.

첫 번째 시간 — 인사 나누기

2005년 3월 8일 화요일 오후 7시 쉼터

글쓰기 치료를 담당하신 김정미 선생님은 처음으로 오게 된 쉼터를 2시간을 헤매다 겨우 찾아오셨다. 노트를 나누어드리니 언니들은 굉장히 좋아했다. 글쓰기 모임 안의 특별함을 위해 저마다 별명을 짓기로 했다. 백세주를 혼자 15병 마셨다 하여 '백주공주', 좋을 때나 나쁠 때나 항상 쓰는 말인 '재수', 쉼터에서의 별명인 '오빠야', 따귀소녀를 닮았다 하여 '따귀소녀', 고양이를 닮았다 하여 '야옹이', 예뻐지고 싶은 마음에 '이쁘니', 말귀를 잘 못 알아듣는다 하여 '사오정' 그리고 '콩쥐', '소녀'······. 앞으로 글쓰기 시간을 함께 해나갈 언니들의 새로운 이름이고, 새로운 정체성이다. 저마다의 노트에 별명을 붙여 발표했다. 재수의 노트는 〈고자질쟁이〉이다. 다른 언니들이 노트에 쓴 얘기를 쉼터 식구들에게 죄다 말하고 다니기 때문이다. 오빠야의 노트는 〈사랑하는 게 죄라면 차라리 죄를 짓고 싶다〉, 따귀소녀는 〈사랑······ 그 쓸쓸함에 대하여〉, 백주공주의 노트는 〈토끼공주〉, 소녀언니의 노트는 〈솔잎향기〉, 야옹이의 노트는 〈새벽을 기다리며〉이다. 야옹이는 밤마다 불면증이 있어 잠을 제대로 못 자기 때문에 새벽까지 뜬 눈으로 지새우는 적이 많다고 한다. 이쁘니의 노트는 〈잠들기 전에〉, 잠들기 전에 가장 많은 생각들이 떠오르고, 이런저런 생각을 노트에다 적고 싶다는 소망을 담은 이름이다. 마지막으로 콩쥐의 노트는 〈한풀이〉. 노트 이름마다 언니들의 감수성이 드러난다.

두 번째 시간 — 일기 쓰기의 좋은 점과 1분 글쓰기

2005년 3월 10일 목요일 오후 7시 쉼터

한 가지 주제를 놓고 1분 안에 생각나는 대로 자유롭게 적어보는 '1분 글쓰기'는 무척 반응이 좋았다. 처음엔 생각이 안 난다고 머리를 치던 언니들도 글쓰기가 거듭될수록 글자 수가 늘어나는 것에 즐거움을 느꼈다. 자신이 쓴 글을 발표하는 것도 매우 즐거워하기 시작했다. 1분 글쓰기의 마지막 주제는 '아빠'였는데 자신이 쓴 글을 읽다 말고 오빠야는 갑자기 눈물이 나려고 한다고 했다. 글을 읽다 말고 고개를 들어 눈물을 추스르는 그녀, 모두의 콧날이 시큰해진다.

"처음 상담소 왔을 때 샘들이 저보고 '언닌 정말 '솔직히'라는 말을 많이 쓰네요'라고 하더라구요. 저는 전혀 몰랐는데 말이죠. 그래서 생각해 보니, 정말 말끝마다 '솔직히', '솔직히' 이러고 있어요. 그 말버릇이 지금은 많이 없어졌어요. 그런데 이곳에 있는 언니들 거의 다 '솔직히'라는 말을 많이 써요. 그게 왜 그런지 이제 알겠더라구요. 아무도 자기의 말을 들어주지 않으니까. 아무도 진짜 자기를 보아주지 않으니까. 누구라도 붙잡고 자기의 진짜 얘기를 하고 싶어지는 거예요."

— 재수, 글쓰기 시간을 끝내고 나서

네 번째 시간 — 거울에 비친 내 모습

2005년 3월 17일 목요일 오후 7시 쉼터

지난 시간이 눈물의 여왕들이 군림했던 시간이라면 이번에는 웃음바다를 만들 차례였다. 거울에 비친 내 모습에서 친구가 보는 모습, 부모님이 보는 모습, 마지막으로 미래의 내 모습까지 그려보는 시간이었다. 의외로 사람들이 무척 힘들어했다. 야옹이의 말대로 처음에는 '얇게' 느껴지던 일이었는데, 막상 종이 위에 펜을 올리고 나니 '두껍게' 느껴지는 일이었다. 자신을 똑바로 들여다보는 일이었기 때문이다. 언니들에게 자신의 현재, 주변 사람들이 자신을 보는 시선, 그리고 미래에 대해 생각해볼 기회가 얼마나 있었을까? 콩쥐는 현재를 응시하거나 미래를 그려본 적이 한 번도 없다고 하였다.

쉼터 곳곳에 피로 바이러스가 떠돌아다니고 있는 듯 사람들이 저마다 피곤해하였고, 지쳐보였다. 그러나 막상 글을 쓰기 시작하니 욕심을 내어서 열심히 썼다. 발표하는 것을 꺼릴 줄 알았는데, 저마다 열심이었다. 자기 자신을 표현하고 드러낼 기회가 별로 없기 때문이 아닐까 한다. 겉모습이 아니라 자기 자신의 진정한 내면을 말이다.

일곱 번째 시간 — 단어 명상, 내가 요즘 자주 골똘히 생각하는 것들

2005년 3월 29일 화요일 오후 7시 쉼터

단어 명상을 해보기로 하였다. 노트 위에 선생님이 불러주시는 단어를 받아 적었다. 솔직함, 대화, 미소, 도전, 편안함, 고마움, 집중, 끈기, 반성, 용서, 이해, 실천, 지혜, 따뜻함, 우정, 관심, 겸손, 친절, 표현, 극복, 믿음, 평화, 자신감, 결단력……. 살아가면서 우리에게 필요하고 중요한 단어들이다. 모두 가부좌를 틀고 선생님이 불러주는 단어에 대한 명상을 했다. 솔직함, 대화, 미소, 도전…… 한마디씩 불러나올 때마다 저마다에게는 다른 의미로 울렸다.

명상을 끝내고 나서 선생님은 "지금까지 불러준 이 단어들 중에서 자기 자신에게 강렬하게 다가오는 단어, 그리고 지금 내게 꼭 필요하다고 생각되는 단어에 표시를 해보세요"라고 했다. "어떡하지? 난 할 게 너무 많은데." 재수의 말에 모두들 웃는다. 모두들 자기 자신에게 필요한 단어가 있다는 것을 알고 있었다. "단어를 선택하는 것은 지금 나에게 부족한 게 뭔지를 알아가는 과정일 수도 있어요." 선생님의 말이다.

다음에는 그 단어를 선택한 이유를 자기 자신의 경험에 비추어서 써보기로 하였다. 그 단어가 왜 자신에게 강렬히 다가오는지, 그 단어가 왜 지금의 자신에게 꼭 필요한 것인지에 대해 써보는 것이었다. "무슨 말인지 쓰면서도 모르겠어." 이쁘니와 콩쥐의 하소연이었다. 추상적인 단어를 자신의 경험에 비추어 이야기한다는 것은 조금 어려운 일이었다. 이어지는 재수의 말, "그걸 무슨 말인지 알고 쓰면 우리가 작가를 해야 되는 것이여~!"

문화 체험 — **책을 만져보기, 골라보기, 우리가 만들 책에 대해 생각해보기**

2005년 4월 28일 목요일 오후 7시 남포동 남포문고

우리가 만들고 싶은 책의 밑그림을 그려보러 다 함께 서점에 갔다. 책 내용 뿐만 아니라 구성과 디자인에 대해서, 서점에 있는 많은 책들을 보면서 생각해 보기로 했다. 언니들에게 40분의 시간을 드리고 우리가 만들고 싶은 책의 밑그림을 그려보도록, 그리고 본인이 읽고 싶은 책을 한 권씩 고르도록 하였다. 언니들은 다양한 책을 골랐다. 서점에 진열된 다양한 책을 보니 우리가 만들 책이 더 구체적으로 상상이 되기 시작하였다. 책을 고르고 나서, 자신이 고른 책에 대해 이야기하면서 우리가 만들고 싶은 책에 대해 의견을 나누었다.

"재생지로 만들었음 좋겠어." 재수는 우리도 다시 태어났으니 그 의미를 담아서 우리 책은 재생지로 만들었으면 좋겠다는 의견을 내었다. 표지 디자인은 밝고 깔끔했으면 좋겠다는 의견이 많았다. 각자 고른 책 한 권씩을 가지고 서점을 나섰다. 우리가 쓴 글이 책으로 나온다는 생각을 하니, 새삼 설레어지는 시간이었다.

열세 번째 시간 — 그곳을 살아낸 힘 I_ 업소에 들어가기까지

2005년 5월 3일 화요일 오후 7시 쉼터

자기 자신에 대한 탐색의 시간을 거쳐, 어린시절의 기억, 부모에 대한 기억, 현재를 응시하고 미래를 꿈꿔보는 시간을 모두 지나, 우리는 이제 가장 직접적인 글의 주제에 당도했다. 업소에 들어가기까지, 그곳에서의 생활, 그리고 그곳을 살아낸 힘은 과연 무엇이었나 하는 것이 이번 시간의 주제였다. 처음에 선생님은 탈업소를 한 언니가 쓴 글 한 편을 읽어주셨다. 꽤 긴 분량의 글이었지만, 언니들은 오랜 시간 집중하여 이야기를 들었다. 업소생활, 탈출의 계기, 경찰에 대한 불신, 세상에 나와도 안과 밖이 다르지 않다는 깨달음. "오늘은 바로 이런 얘기를 써 볼 거예요." 선생님이 말했다.

글쓰기 시간을 꽤 오랫동안 거치면서도, 언니들이 겪었던 업소생활과 성매매에 관한 이야기는 직접 대면하고 글로 풀어내기에는 조금 힘든 주제이지 않을까 우려했다. 물론 언니들에게는 이미 탈업소를 하는 과정에서 경찰 조사를 받거나, 상담소에서 상담을 받으면서 한 번쯤은 꺼냈던 주제였다. 그러나 그것을 떠올리고, 글로 풀어내면서 재경험을 한다는 것을 언니들은 어떻게 받아들일까? 걱정도 되었지만, 언니들은 진지하게 자신의 이야기를 적어 내려가기 시작했고, 두 시간의 수업 시간은 고스란히 글쓰기로 채워졌다.

문화 체험 — 연극 관람 〈울고 있는 저 여자〉, 바닷가 데이트

2005년 7월 24일 일요일 오후 1시 남포동 가마골 소극장

글쓰기 치유를 마무리하는 마지막 시간은 단체 연극 관람이었다. 맨 처음 만났던 장소인 가마골 소극장에서 우리는 다시 만났다. 그때는 폭설이 쏟아지던 봄 초입이었는데, 지금은 뙤약볕이 더 짙은 그늘을 만드는 무더운 여름이다. 처음 보았던 뮤지컬처럼 신나는 연극은 아니었지만, 언니들은 차분히 연극을 지켜보았고 시간은 흘렀다. "별 재미는 없었어요." 아르바이트와 검정고시에 대한 압박감이 심했는지 최근 다시 담배를 피우기 시작한 사오정의 솔직한 감상이었다. 그러나 연극은 다른 어떤 매체보다도 작품과 직접 함께 호흡할 수 있기에 언니들에게는 강렬한 경험이었고, 그 인상은 꽤 오래 갈 것 같다.

연극이 끝난 후, 우리는 광복로 근처에 있는 작은 갤러리에서 마침 열리고 있던 사진 전시회를 구경했다. 무용을 하는 샤인은 춤을 추는 사진 앞에 서서 유심히 그것을 바라보았다. 작은 갤러리라 구경하는 데는 별로 시간이 걸리지 않았다. 점심식사를 하고 모두는 책에 들어갈 사진을 찍기 위해 가까운 송도 바닷가로 갔다. 문화잡지 〈보일라〉의 강선제님이 오셔서 언니들의 멋진 흑백사진을 찍어주셨다. 오랜만의 바다라 모두가 물 속으로 달려가고 싶어 했으나, 해가 빨리 떨어지는 바람에 물에 발을 담그지도 못했다. 아쉬움. 바다로 떨어지는 노을과 함께 언니들의 글쓰기 시간은 그렇게 마무리되었다.

다음날

진짜 집나오고 싶다! 맨날 공부! 공부! 미치겠다

우리집도! 해주는 것도 없으면서! 갖고 싶은것도 얼마나 많은데!!

진짜 우리 가출해버릴까? 하자!!

돈이 없잖아!

벌면되지! 선배언니중에 원조로 돈 많이 번 사람있다

원조교제?? 난 아저씨들 징그럽다!

그럼 조건만남 하자? 20살이라고 속이자!!

야! 이 오빠 25살이란다

십만원 줄수 있냐고 물어봐바!!

우린 가출비용을 마련하기 위해 조건만남을 시도 했다

여관

내, 스무살 같나?

어!

그날이후 집을 나와 조건만남을 몇번 가졌지만, 그 돈으로 버티기엔 역부족이었다

섬미야 미안하다. 나는 집에 가야겠다. 니도 집에 들어가라

가시나, 나는 엄마 무서워서 못간다고 했다아이가.. 니 혼자 가라

결국 친구는 가버렸고, 나는 돈이 필요했다

월수 200? 침식제공.. 초보환영?? 선불가능!!

거리에 붙어있는 광고지는 현재 내가 찾는 조건의 일자리였다

전화 통화 할땐 손님과 대화만 하면 된다고 해서 쉽게 찾아갔다

화장품과 비싼옷이 있어야 말할수 있다고 해서 삼백만원의 빚을안고 시작했다

그런데, 일을 하면할수록 이자와 지각비, 결근비가 더해져서 빚은 더더욱

산더미로 둔갑해 있었고, 도저히 희망이 보이지 않았다

사장은 나에게 빚갚으란 명목으로 2차를 강요 했다

2차는 정말 싫었지만, 강요할수 없는 빚으로 도저히 선택의 여지가 없었다

하지만 아무리 2차를 가도 빚의
숫자가 줄어들 기색이 보이지 않았다

이 굴레를 벗어나는 길은 오로지
돈을 벌어야 한다는 생각뿐이었다

사장은 더욱 빨리 갚을 수 있다고
소개해준곳은 노골적으로 성을 파는

곳이었는데, 그때 나는 내가 이곳
으로 팔려나간것임을 알았다

한달에 천만원을 벌어도 쓸수
있는건 단 몇십이 전부였다

점점 나는 이런 황무지 같은
내 인생에 익숙해질까 두려웠다

몇년이 흘러서 그렇게 나는 체념하고 있었는데, 여성단체에서 건네준

책자를 어느날 읽어보았다. 법이 개정된이후, 빚도 무효화 될수 있고

그래 진지하게 있네? 우리가 다른일을 할수 있을까 싶다.

그냥 한번 읽어 보는 거다

맘만 먹으면 여기를 나올수 있다고, 하지만, 세상에 나갈 용기가 없었다.

그리고, 나를 받아줄곳이 있을까 하는 생각에 맘이 두려웠지만,

커피한잔 하면서 계속 대화 해요

아! 네.

지푸라기 잡는 심정으로 여성쉼터로 찾아갔다. 그곳은 나를

커피맛 괜찮아요? 제가 커피를 잘 못타거든요

아니요, 맛있어요!

따뜻하게 안아주었고, 마음에서 우러나오는 그 미소가 내게 새로운 '희망'을 심어 주었다

난 여기를 그만두고 자활을 위해 직업교육을 받기로 결심했다.

내가 왜 여기까지 왔는지는 망각하진 않았다. 하지만 이제

나를 원망하지 않을거다..."나도 꿈이 있었지. 십대로 돌아갈순 없지만,

나는 아직 젊잖아?! 늦지 않았어. 늦지 않았어!"

"이제 깨 달았지만   자유는 내 안에 존재 했던거야."

"지금이야, 내가 나를 사랑할때가, 다름아닌 지금!"

※ 이 이야기는 실화를 바탕으로 각색했습니다.

-END-

250